文化現象としての近代

——吉村伸夫遺稿集——

佐々木和貴 編

金星堂

はじめに

吉村伸夫氏は、イギリス文学研究においては、十七世紀の詩人アンドルー・マーヴェルの翻訳者として最もよく知られているだろう。氏の『マーヴェル書簡集――王政復古時代イングランドへの窓として』（松柏社、一九九五年）は、マーヴェルの現存する書簡四一〇通を全訳し、そこに自身の論考・解説・訳注を加えた千頁を超えるまさに前人未踏の業績である。また吉村氏はそれに先だって、やはり五百頁を超える『マーヴェル詩集――英語詩全訳』（山口書店、一九八九年）、さらには十七世紀論争散文の白眉である『『リハーサル』散文版』（松柏社、一九九七年）も刊行しており、氏の見事な訳業によって、マーヴェルという端倪すべからざる作家の全容が、我が国においてようやく知られるようになってきたといっても過言ではないだろう。

しかし吉村氏は二十一世紀に入るや、マーヴェル研究で培った該博な知識を基に、そして学問的関心のおもむくまま、さらにダイナミックに研究を深めていった。たとえば、英国の著名な歴史家ジョン・ブリッグズらによる、イングランドの司法制度の変遷をたどった『社会と犯罪――英国の場合 中世から現代まで』（松柏社、二〇〇三年）の全訳、あるいは広島大学のジョン・ロック研究者山田園子氏との共訳『ロック政治論集（叢書・ウニベルシタス）』（法政大学出版局、二〇〇七年）などの業績は、マーヴェル、さらにはイギリス文学という枠自体をも超えた氏の関心の所在を示している。つねづね「文化現象としての近代とはなんだったのかを知りたい」と熱く語っておられた氏は、おそらくはこの強い思いに駆り立てられて、住み馴れたイギリス文学を離れ、あえて社会科学の領域へと踏み込まれたのであろう。「近代」という謎に立ち向かおうとした氏の学問的勇気に感嘆するとともに、もし、天が吉村氏にいましばらくの寿命を与えてくれていたら、その研究がどのような実を結んだかと思うと、誠に残念でならない。
とはいえ、それはむしろ氏から私たちに託された課題と考えるべきであろうか。氏の取り組んだ「文化現象としての近代」というテーマは、私たちイギリス初期近代の文学・文化を学ぶものにとって、避けては通れない大きな問題を提示していることは言うまでもないからである。おそらく、この問題を意識することで初めて、この時代の研究は、私たちの「今・ここ」に繋がる意味を持つであろう。
本遺稿集は、この「近代」というテーマに渾身で取り組んだ氏の業績のなかから、主要な論文・講演そして翻訳を選んで編んだものである。同学の諸兄が、この遺稿集を介して氏と対話し、それぞれの研究に益するような示唆を得ていただければ、編者としてこれに勝る歓びはない。

以下、簡略ながら、本書に二部構成で収められている諸編について、多少の説明を加え、読者諸賢の理解の一助としたい。

まず第一部前半には、氏の研究の発展を示す論考を、年代順に四本収録した。冒頭の「書簡に見るマーヴェル」（一九九二年）は、刊行年からも明らかなように、吉村氏がまさに『マーヴェル書簡集』の全訳に取り組んでいた時期の論考である。書簡集の簡略な見取り図を示すと共に、それがこの作家の理解にとって、どのような役に立つのか、そしてどこがおもしろいのかを、具体的な引用を通して論じたもので、一見、事務報告のような公人マーヴェルの手紙から、私人マーヴェルの生々しい声を読み取る吉村氏の練達の技が冴えている。『マーヴェル書簡集』を紐解く際、手引きとしてぜひ併読をお勧めしたい。

次なる「文学者にとっての王政復古時代イングランドを考える――『マーヴェル書簡集』の仕事の中から――」(一九九六年)は、単なる翻訳にとどまらず、膨大な解説を付し、副題にあえて「王政復古時代イングランドへの窓として」と冠するに至った氏自身の仕事を具体例として、王政復古時代イングランド研究が、今後どのような方向性へ進むべきかを考察したものである。氏の言葉によれば「視界を切り開く」ため、つまり時代の全体像を捉えるために、学際化と社会科学系の研究領域への積極的な参入を慫慂する氏の提言は、私たちにとって大いに示唆に富むものだろう。

三本目の「文化現象としての近代――英国の場合 civility の概念から見えるもの――」(二〇〇六年)では、私たちは、自らの提言を実践しながら「近代」という謎に果敢に挑む、前論文から十年後の氏の姿を目撃することになる。この論文で氏は、citizen が gentleman を取り込んでいく過程と英語散文の規範化・標準化が進んでいく過程をパラレルに捉えながら、「近代」がどのように成立していくかを論じているのだが、そこで依拠しているのは、科学史家のスティーヴン・シェイピンや歴史家のアンナ・ブライソンであり、その目指すところは、社会哲学者ハーバーマスのいう十七世紀イギリスにおける「公共圏」は、civility とそれを内実とする decency の問題として捉え直せるという提案なのだ。

そして掉尾を飾るのは、日本英文学会(二〇〇九年)での招待講演「アルカディアに佇む市民としてのマーヴェル――"The Coronet"を糸口に――」(二〇一三年)である。ここで氏は、現代を代表する政治哲学者チャールズ・テイラーが *Sources of the Self* (1989) で提示した「近代的自己の成立」という大きな文脈の中に置いてみれば、マーヴェルの抒情詩は、たとえば同時代の科学者ボイルの仕事や哲学者ロックの仕事と同列に捉えられるという、大きなマッピングをまず提示している。そしてそれを踏まえて、世界認識が大きく切り替わるこの「近代」という時期に立ち会った詩人マーヴェルが、その抱え込んでしまったもののために、コスモス（＝抒情詩）を放棄してユニヴァース（＝政治的世界）を選択せざるを得なくなった、その証として *The Coronet* を読むことを提案しているのだ。社会科学という新たなツールを自家薬籠中のものとした氏が、今やどのような新しい「視界を切り開き」つつあったかを、明瞭に示している論考といえるだろう。

次に第一部後半には、前半の論考を補うような講演原稿を三本並べてみた。併せて読むことで、氏の研究の目指していた方向性が一層明瞭に理解されるだろう。また座談の名手としても名高かった氏の、比較的寛いだ場での巧みな話術も、幾分かは味わっていただけるのではと考えている。

まず最初の「Civil と civic のあいだ――あらためて近代を考える――」（二〇一〇年）だが、これは前年の日本英文学会での招待講演のいわば続編として、十七世紀英文学会関西支部例会で口頭発表されたものである。基本的には、なにかテーマを絞って論じるというよりは、氏の二十一世紀にはいってからの知的好奇心のありよう、そして関心の所在についての現況報告という体裁になっている。したがって、逆に言えば、citizen の概念をいわば因数分解したときに現れる civic と civil という概念をめぐって様々な社会科学の領域を渉猟しながら、「近代」という謎に挑む吉村氏の生き生きした思考のプロセスを堪能できる講演といえるだろう。

続いての「翻訳の勧め」は『ロック政治論集』の刊行を受けて、日本政治学会（二〇一〇年）から招待された際の発表原稿である。ここで氏は、みずからの翻訳という作業をある種の憑依現象として語り、その仕組みをマイケル・ポランニーの「暗黙知」という考え方を引きながら解き明かしている。そしてこうした憑依現象が起こったマーヴェル、ロック、チャールズ・テイラー、フッサール、そして白川静といった巨人達との知的格闘（氏はこれをテクストの中身を自分のものにしたい衝動＝食欲に喩えている）がどのようなものであったかが語られる。ロックの翻訳というテーマと吉村伸夫という知性がどのように生成されていったかを、いわば二重写しにしてみせたという趣きの講演である。

最後には勤務校鳥取大学での最終講義「ホモ・サピエンスとしての自分を考える」（二〇一三年二月）を載せた。自らの研究の来歴を振り返るといった通常の最終講義とは異なり、ここで吉村氏は最新の科学的知見に基づいた「ホモ・サピエンス」像を語る。そして、氏が試みに「ちからの種子」と訳された、この奇跡のような種＝ホモ・サピエンスのもつ「潜在的力」(capability) について、話を進められる。新しい人間認識、そしてそれに支えられた新たな研究動向についての豊富な情報が詰まった、いかにも吉村氏らしい「前へ向かう」最終講義といえよう。

さて、第二部にはアントニー・アシュリー＝クーパー（第三代シャフツベリ伯爵）の主著『人間、マナー、意見、時代の特徴』（一七一一年）より「美徳あるいは長所の探求」第一巻の翻訳を載せた。最終講義末尾の「老いは進み、その先には死があります。しかし、これを生命全てにとっての運命と呼ぶならば、ホモ・サピエンスである私たちだけは、運命と戦い続けることができます」という宣言の通り、氏は、文字通り死の直前まで、この訳業を継続しておられた。亡くなられる一週間前に最後に氏と電話でお話ししたときも、「時間との競争だが、ともかく、粗々の訳をしている。シャフツベリが十七世紀と十八世紀をつなぐための理解の鍵なんだ」とおっしゃられていたのが、今も耳に残っている。シャフツベリといえば、イギリスのモラリストたちの系譜で大きな位置を占める思想家であり、とりわけ「公共善」に基づいたホッブズへの反論で知られている。しかし近年は Lawrence E. Klein の *Shaftesbury and the Culture of Politeness* (Cambridge UP, 1994) によって、十八世紀における「ポライトネスの文化」成立との関わりに光が当たり、ようやく日本でもその重要性が認識されるようになってきたところだ。吉村氏の訳稿は、残念ながら主著の最も主要な論文（しかもその第一巻のみ）で終わっているが、それだけでも、本邦では未訳のこの思想家のエッセンスを窺い知るに足るであろう。なお、訳稿は氏の病状が悪化するにつれて、未定稿の部分が増えていたため、佐々木との共訳の形となった。こうした分野には全くの素人が筆を加えたことで、吉村氏の見事な訳文の味わいをそこねていないかと大いに懸念しているところだが、氏の最後の仕事をなんとか世に出したいという思いに免じて、ご海容いただきたい。なお誤訳などの責は、もちろん、佐々木にある。

以上、ある意味では、この論集全体が「文化現象としての近代とはなんだったのか」という問に対する、吉村氏の真摯な答えになっているといって良いかもしれない。惜しくもその仕事は、病魔のために、いわばラフ・スケッチの形で終わってしまった。しかし研究とはおそらくつねにこのように未完の形で、志を同じくする同志に引き継がれていく営為である以上、私たちは、託されたバトンを拾って走り続けるしかないだろう。吉村伸夫という研究者を忘れないために。

佐々木　和貴

二〇一五年二月

目次

第二部

第一部

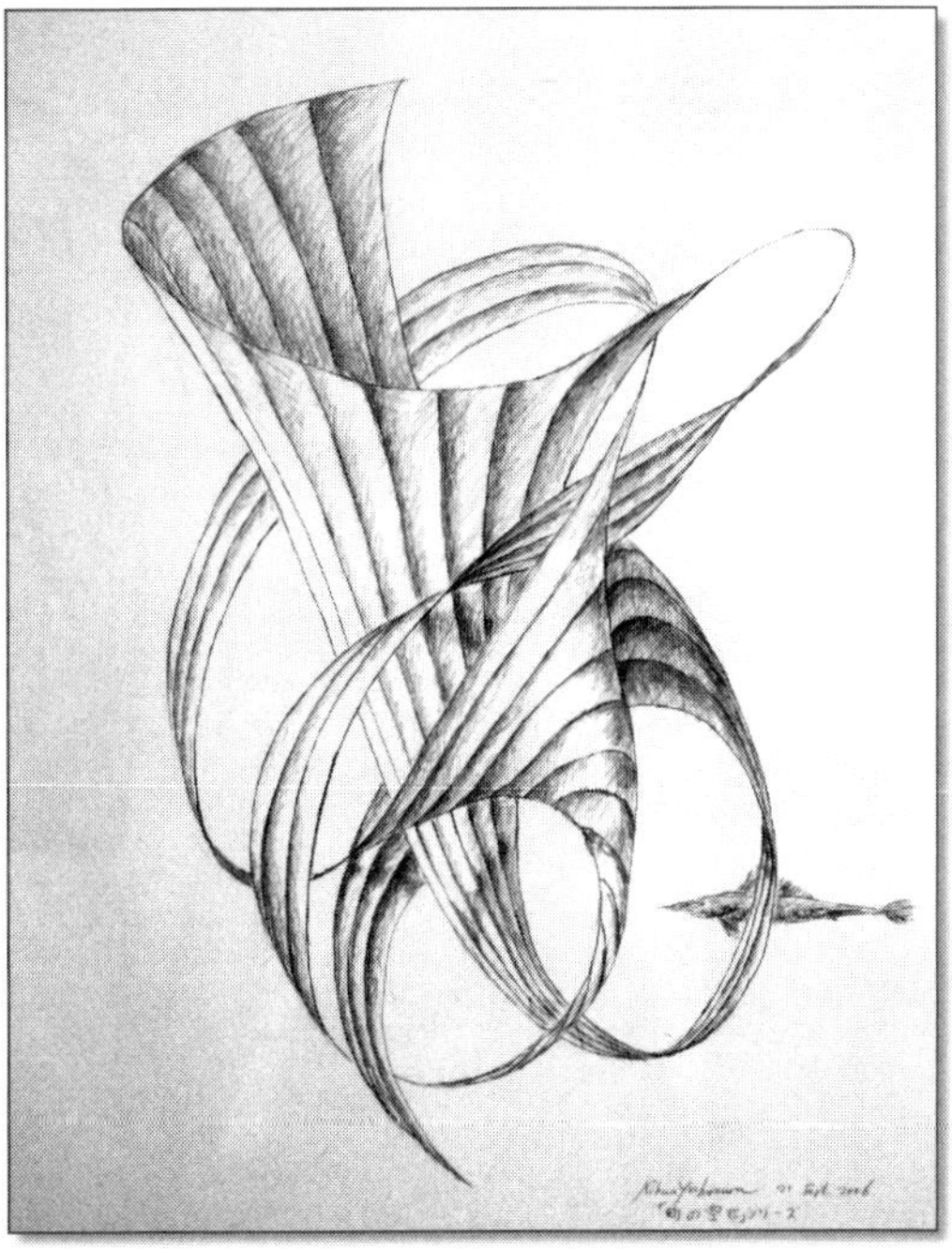

扉絵：『「町の空に」シリーズ』Nobuo Yoshimura 21 Sept. 2006

一　書簡に見るマーヴェル

オックスフォード版『アンドルー・マーヴェルの詩と書簡』の第二巻には、四〇八通の書簡が収められている。[1] 大部分は王政復古後のもので、二九四通がヨークシャー東ライディングの港都ハル市（Hull, East Riding, Yorkshire. 正式には Kingston upon Hull）の参事会宛て、六九通が同市のトリニティーハウス (Trinity House) という団体宛て、残り四五通が私信に属する。[2] この書簡集は、英米においても文学研究者にはまだあまり読まれていないようであり、我が国では、筆者の知る限り、まとまったものがそれについて書かれたことすらない。本論では、そのような現状を考慮して、紹介をかねつつ順にこれらを論じてゆくが、紙数等の制約もあり、量的に多いハル市参事会宛てを主とすることになる。

国会議員としてのマーヴェルの選出区は、一貫して生地ハル市である。最初はリチャード・クロムウェルの議会。それが一六五九年四月に解散して後、復活残部議会を間に挟んで、一六六〇年四月に仮議会に選ばれた。さらに続いて、一六六一年四月にいわゆる騎士議会に選ばれ、一六七八年八月の突然の死まで、現職議員だった（騎士議会の解散はマーヴェルの死後）。ハル市参事会への三〇〇通近くの手紙は、彼が議員として送った報告書である。二度の海外出張中以外のほぼ一八年間、議会開催中は原則として週三度、その報告を彼は送り続けた。週三度といえばロンドン＝ハル間の郵便の全便だが、一六七七年三月八日付けの手紙に 'I have taken an habit of writing every post …' とあるとおり、彼はそれを自らに課していた。審議が長びけば郵便局で便の出発を睨みながら書いたり、夕食をとりながら書いたり、ときには夕食を抜いてまで書いている。これは彼自身が手紙に書き加えたことだから、自己宣伝として多少割り引くにしろ、はなはだしい誇張とも思えない。やがて下院では議員の出席率低下が大問題になってゆくが、その問題を巡る彼の報告は執拗克明であり、自分の皆勤ぶりを強調するごとくである。じっさい、彼ほど几帳面に地元に奉仕した議員もなかろう。そこには彼の立場の特殊性も反映されていると思われるから、まずそれを見てゆく。

ほとんどの選挙区同様、ハルも、議員二名を下院に送る権利をもっていた。[3] 仮議会での相棒ラムズデン (Ramsden, John) は、マーヴェルの友人だったようだし、いまに残るその手紙を見ると、俗物ながら陽性の好人物という感じがする。しかし、騎士議会に上席で選ばれたジルビー大佐 (Col. Gylby, Anthony) なる人物は、筋金入りの王党だった。しばらくマーヴェルと協同で書いていた手紙から察するに、繁文縟礼に傾きやすい人物ではなかったか。[4] しかも、後の経歴を見ると、宮廷側の買収に応じたり、ハルで、信仰集会の弾圧をすべての通りにスパイを配置するという極端な方法で行ったり、カトリック弾圧にも苛酷であったりする。あげくは資材の着服横領で地位を失っているので、どう見ても好ましい人格ではない。シャフツベリ伯 (1st Earl of Shaftesbury, Cooper, Anthony Ashley) は彼を 'thrice vile' と評したという。[5] そんな彼が上席で選出されたのは、内戦時代から議会派だったハル市では、ともあれ王党の人物を議会に出しておく必要が感じられていたことを、示すものである。[6] 再選を予測されていたらしいマーヴェルはこの人物とは水と油だから、市長リチャードソン (Richardson, Christopher) は、選挙日（一六六一年四月一日）の前（三月二二日）に、ロンドンにいた彼に手紙を書いた。双方から和解の言質を取ろうとしたらしい。察するに、心配するだけのいきさつがあったのだろう。[7] マーヴェルの三月二六日付の返事が残っているので、冒頭を引用しておく。

二二日付けの貴殿の手紙、落手しました。一九日付の私の書簡をお読みであったなら、と思います。しかし、全て止められたのです。私の手紙が着かなかった以上、何か支障があったとお考え頂きたいところでした。私がその一九日付の手紙で貴殿に申し上げたのは、記憶している限りで言いますと、ジルビー大佐の利害と私のそれがいったいどう抵触するのか私には分からないということ、また私について彼が貴殿に言ったことを私は信じるにやぶさかではないということ、さらに、私たち二人が選出されるなりゆきになった場合、彼は私の側においてそれと同じことを保証される、ということでした。

こんな返事では、不安は鎮まるまい。案の定マーヴェルは、相棒としての日々が始まるやいなや、大佐と絶交状態に陥ってしまう。(8) 六月一日付けの彼の手紙を見よう。この書きだしを読むリチャードソンの顔を想像したくなる。

ジルビー大佐と私自身の間の礼節の絆は、不幸なことに細切れにちぎれてしまい、仮にふたたびない合わせるとしても、いったいどうすればそんなことが可能やら、私には分からないありさまで……

これ以降マーヴェルは、ラムズデンとのときのように連名で報告を書くことはなくなった。やがて両者は表面的には和解し、仕事上の協力を行うようになったが、最後まで冷戦状態だったようである。マーヴェルが抱えるいわば身内の敵は、しかし、このジルビーだけではなかった。

じつは、ハル市を含む東ライディングの州長官職 (Lord Lieutenant) にも市自体の長官職 (Governor) にも、一種の論功行賞で、すでにベラシス卿ジョン (Belasyse, John, Lord) が就任していた。この人物も筋金入りの王党で、しかもカトリック教徒である。マーヴェルは地元議員としてこの人物と接触する機会が多かったが、双方とも表面的態度は慇懃を極めつつ、嫌いあっていた。一六六三年、マーヴェルが国事のためにオランダに赴くカーライル伯 (Earl of Carlisle, Charles Howard) に望まれて同行し議会欠席を続けたとき、さっそく卿はハル市参事会にマーヴェルの更送を示唆した。参事会は、卿へは曖昧な返事をしたうえで、急いで議会に戻るよう。二月二七日にマーヴェルに連絡した。[9] 参事会への彼の四月二日付けの帰任報告の書きだしには、中っ腹の感じがよく出ている。

まだ町に着いたばかりでやらねばならぬことだらけながら、本日議会に出たこと、また私の席が空いていたことのご報告を怠るわけにはゆきません、聞くところでは、御親切にも私の席を代わりで埋めようとした人々がいたようですが。貴殿方に奉仕しようという私の義務感と気持ちとは、私事をまったくなげ打って帰ってきたほどですから、それについては御安心のほど……

じつはジルビー大佐は、もともと軍隊でベラシス卿の部下であり、その 'deputy' として、卿の後援のもとに下院議員となった人物である。また、資材横領で一六八一年に失脚するまで、卿の下でハル守備隊 (garrison) の隊長 (captain) を勤めてもいた。[10] こういう事情ひとつをとっても、マーヴェルは意地でも議員として精励しないわけにはゆかなかったろう。手紙中の「人々」という複数も、卿と大佐――そしてこの二人を支持するハル市の保守王党勢力――を念頭においてのこと、と筆者には思われる。

また、彼が議員として精励したのには、生活上の事情も幾分かあったろう。最後の議員報酬受給者だったというのはたんなる伝説だが、[11] それにしても、そんな伝説が生まれる背景には、議員であること自体（直接的報酬のみを言っているのではない）に彼の生活が相当かかっていたという印象がなければなるまい。いわゆる議員活動に出精する彼の姿が浮かんでくる。[12] また、彼にはジェントリ議員のような田園所領はなく、ハルにも自宅はなかったから、季節によってロンドンを離れる必要もなかった。どころか、諷刺作品群を見ると分かるが、首都にいること、そして議会に出続けることが、彼の政治的文筆活動にはぜひとも必要だった。六七年の「画家への指示最終回（The Last Instructions to a Painter)」や七四年の『法王教の蔓延について（Account of the Growth of Popery)』など、そういう環境に身をおいてこその情報を満載している。こうして見れば、マーヴェルが例外的に勤勉な議員となる必然性は、幾重にもあったのである。もちろん彼は、ハル市参事会が要求するものもまさにそれであることを、よく弁えていたに違いない。地元で彼を支えていたのは大商人を中核とする参事会だったし、この団体は、自分たちの財布にかかわってくる事柄ならば何一つ些細とは考えなかったのだから。

さて、ハル市参事会宛書簡群の、文書としての特徴だが、それは、文学研究者があまり興味を示していないことに、端的に示されている。まず、テキスト自体が分かりにくい。分かりにくいうえに、マーヴェルのいわば生の声もあまり聞き取れない。前者については、彼の散文がいわゆる王立協会風近代散文ではまったくないということもあるが、[13] それよりはむしろ、オックスフォード版テキストの不備を指摘せねばなるまい。具体的には、社会科学的方面の注がきわめて不十分なのである。述べられている事柄の性質上、正確に理解するには法制史や経済史といった方面の詳細な情報が必要だが、それが不十分なために、きわめて読みにくい。とはいえ、十分な収穫さえ期待できれば誰も調査の労苦を厭うまいから、読まれない理由として決定的なのは、やはり後者、つまり生の彼の声が聞こえないことだろう。この一般的印象を確認するには、たとえば、ハル市への一六六〇年一二月四日付の報告を見るとよい。

……本日当院は、処刑されてしかるべきだった者たち、つまり逃亡者およびクロムウェル、ブラッドショウ、アイアトン、プライド他の私権剥奪を行う法案にかかっていました。この四人の遺骸と棺をいかようにもしてタイバンへと編垣に乗せて運び、そこで暫時吊した後、縛首台の下に埋めるべし、という命令が出ました……

これは、前後の他の話題と同じ事務的扱いである。だが、我々は、マーヴェルが人間クロムウェルを心から敬愛していたことを知っている。その死を悼む 'Upon the Death of Oliver Cromwell' は、彼には珍しく、生々しい感情を露わにしている。また、叙情詩の作風から誤解されがちだが、彼はけっして情の薄い人間ではなかった。ミルトン等友人知己への古風な義理立ての仕方からも、これは容易に想像がつこう。[14] さらに、すでに示唆したとおり、かなりの激情家ですらあった。その程度たるや、発作的激怒を抑制できずに何度もひどい目に会ったほどである。[15] そういう彼であってみれば、議会のこの愚かしくも無残な仕打に、心穏やかであったはずはない。つまり、このような抑えた書き方自体、多くを物語るものである。

たとえば、当時の政治状況と野党議員という立場を考え合わせ、さらに郵便事情や受信側での守秘感覚の甘さなど[16] も顧慮しよう。すると、公便であることはさておいても、こういう微妙な問題についての内心の吐露など、ハル市宛の便には期待できないことに、思い至ることができる。マーヴェル研究に限らず、一般に書簡の扱いについては奇妙に素朴なものがあるようなので、この事実はしっかりと確認しておきたい。その上で、しかし、このグループの書簡にもまったく私情の表現がないのでもないことに、注意しておこう。希少であればこそ貴重なのだから。

手紙の受取り人は直接には市長（一三人で構成する参事会――構成員は終身――から一年交代で選出されていた）個人である。手紙の内容を参事会に口頭で伝えるか実物を回覧するかは、その裁量によったらしい。[17] 呼びかけの相手は参事会だから、参事全員が読む権利をもっていたはずだが、なにしろ週に三通もくるのだから、これは当然の措置だろう。事情がそうである以上、市長がマーヴェルにきわめて親しい人物ならば、私信の色合いが当然濃くなる。たとえば、リチャードソン宛の一六六〇年一一月一七日付けの手紙には、次のような箇所がある。市の守備隊についての言葉である。(18)

……私は、……貴殿がたの町が再び守備隊から解散されるようにと望んでいまして、そのためならば出来る限りの労を喜んでとるつもりです。というのは、自分がまだ子供だった頃をどうしても思い出すのですが、あの幸せな日々には貴殿がたの町自身の若者が民兵隊として訓練されており、武器も彼らにはそれ以来私が見てきたどんな兵士たちより似つかわしく思われたのでした。そしてもし貴殿がたにおいて（というのも議会ではいま、民兵隊を常設兵力であっても国民にとって常備軍ほど害にはならぬよう規制する新しい法律に取りかかっているからですが）、この件について貴殿がたの昔からの慣習に合致しかつ望ましいような事柄があれば、何事にまれ私にお知らせ下さって筋違いではあるまいと存じます……

これと、「アップルトン邸を歌う」の次の下りとのつながりを否定するのは、むつかしいだろう。アップルトン時代の彼とこの時期との彼の間に、一般に思われがちなほどの心性的断絶がなかったことを示唆するものである。

不幸なことだ！　もうあの優しく美しい
民兵たちの回復は二度とないのか

あのころに要塞塔とては庭の木ばかり
守備隊とてはその花ばかりで
しかもバラしか武器を帯びていず
人間だとてバラの花冠を被っていたものを？
あのころはチューリップがさまざまの縞模様を身に纏い
守備隊中でのスイス兵だったもの[19]　(II. 229–236)

マーヴェルが「私」について寡黙だという一般的印象自体はけっして誤りではないだけに、こういった書簡は、さきほども示唆したとおり、マーヴェル像構築のためにまことに貴重である。しかし、そんなつながりを一見含まない大多数の書簡にしても、マーヴェルについて我々が解くべきいわば暗号でありうるには違いない。その意味では、こちらの視点のとり方次第では、彼の考えや感じ方の全体像について雄弁に語り始めてくれるはずなのだ。ただし、そのような取り扱いを、勝手な思い込みに陥らないように試みるには、まず前提条件として、彼の関与した様々な事柄について、正確な理解がなくてはならない。彼はズブの素人相手に書簡を書いていたのではないから、そういった理解のためには、議会手続きや財政機構・法慣習や社会的背景などについて、相当の知識が要る。それなくしては、彼の書簡集を通り一遍以上の情報源として利用することは出来ないのである。とすると我々は、結局、テキストの不備と読みにくさという、さきほどの問題に押し戻されてしまうのだ。まずなによりも、テキストを読みやすくする条件整備が望まれる由縁である。

つぎに、ハルのトリニティーハウスに宛てた書簡群に触れる。この団体は海事協会とでも呼ぶべきもので、貿易商人など有力市民で構成し、ハル港の管理運営や船員たちの福祉事業を行なっていた。貿易と港で栄えていたハルでは、市参事会にも匹敵する実力団体である。じっさい両者は、構成員からいえば双子のようなもので、現にマーヴェルの姉メアリの嫁ぎ先ポップル家は、どちらにおいても有力だった。たとえば、マーヴェルをリチャードの議会に選出したときの知事職 (sheriff) は義兄エドマンド・ポップルだったし、[20] このエドマンドは何度かトリニティーハウスの理事 (warden) も勤めている。マーヴェルは、そういう形で、市の権力中枢と密接につながっていたのだ。[21] この団体宛の一群の書簡はかなり特殊な性質のもので、海事協会がスパーン岬 (Spurn Head) という所に灯台を建設しようとしたことを巡る実務連絡である。

灯台建設には、費用捻出のために港で船や荷物から課徴金を取る権利がつきものだった。この種の権利は莫大な収入を生むので、利権となる。[22] その獲得は王の特許か議会の立法によるのだが、たとえばドーヴァー市が埠頭（灯台ではないが）のために望んだ課徴金に対し、マーヴェル自身がハル市の意向を受けて反対を続けたように、[23] 公共施設利用者に負担を強いる類の法案は、下院では成立しにくかった。それで王の特許を求めるのだが、これは宮廷工作だから、事業者になろうとする者たちが集団を作り有力廷臣を引き込んで、泥試合になる。スパーン岬灯台の場合は、建設予定地に権利をもつ者までが事業者候補として登場し、最初の計画が洩れた後、どうにも収拾がつかなくなった。マーヴェルは、地元議員として各方面と折衝を行い、報告や助言をしているのである。読んでいると、一件の泥沼ぶりにこちらまで苛立ってくる。王政復古期社会の生臭い側面を実感させてくれる点では、この一連の書簡は、ピープスの日記にさえ匹敵するかも知れない。結局この件は彼の生存中には片がつかなかった。[24] 事柄の性質上、あまり各方面への広がりをもつ資料ではないが、政治家マーヴェルの日常の一面を知るには絶好である。

ちなみに述べれば、マーヴェルは、ロンドン海事協会（同じく名称はトリニティーハウス）の会員に死の四年前になり、急死する直前には副理事の一人に選出までされている。首都の海運と海事を牛耳るこの団体がきわめて有力だったのは、言うまでもない。どうやらマーヴェルは海運界に深入りしていたらしいが、興味深いことに、ハルの海事協会では名誉会員にすらしてもらっていない。灯台建設の件がうまくゆかなかったためだろうか。この冷遇ぶりは、マーゴリアスならずとも不審の念を禁じえないところである。[25]

残るのは私信だが、これは、当然ながら様々な相手に宛てられている。伝記的観点からはもっとも興味がもたれるが、それを満たしてくれる度合は、全体としては必ずしも期待通りではない。というのは、首都の出来事や噂の報告が主で、彼自身の私事や心の内奥はほとんど語られないからである。なかでは、義兄にあたる上記エドマンド・ポップルとその息子ウィリアムに宛てた書簡、ことに息子のほう（つまり甥）への書簡がまだしもだが、それとて、自己表出はきわめて控え目と言わねばならない。ウィリアム宛ての書簡の何通かは一六七二年の『「リハーサル散文版」(The Rehearsal Transpros'd)』に触れているので、この王政復古期諷刺散文の白眉を研究するには必須資料だが、注目しておきたいのは、そこでのマーヴェルの関心がもっぱら社会的・政治的だということである。じっさいアップルトン以降のマーヴェルは、旺盛な文筆活動を文学的に抜群の技量をもって行いながら、友人知人への私信においてさえ、文士意識など気配すら示さない。『リハーサル』より後の散文出版物の場合、同時期の私信にはチラリと他人ごとのように出るだけである。[26]こういった事実は、作品と直接に関連する資料を求める限りでは注目されにくいが、じつはマーヴェルが抱いていた自己像や作品観、価値観を雄弁に物語るわけだから、彼と言葉との関係を考えるうえで、けっして軽視できない。丹念に読めば、一通ずつそれなりに、マーヴェルについて多くを明かしてくれる。

さて、私信まで一通り見たところで、私信と公信の言葉の違いをあらためて確認しておこう。これはたとえば、信仰集会法 (Conventicle Act) を巡る書き方を比較すれば明らかになる。私信では、ボルドーに居を構えたウィリアム・ポップルへの書簡で、一六七〇年三月二一日付けでも、同一一月二八日付けでも、'terrible Bill against Conventicle' と書いており、後者には虐待の様子まで憤慨もあらわに書くから（この件についてのジルビー大佐の所行も想起されたい）、彼がこの問題をどう考え感じていたか、疑う余地はない。では、ハル市参事会宛の報告ではどうか。この問題は地方都市にとっても重大だから、議事になるたびにマーヴェルは克明に報告しているが、その書きぶりたるや、彼自身の好悪など知るよしもないものである。私信と公信では、それだけの違いがある。そういったことを確認するためにも、また、そもそもマーヴェルの公信がどういう体のものか見ておくためにも、この部分の締めくくりとして、信仰集会法への言及を含む公信を一通、全文示しておきたい。一六七〇年三月二六日付け、市長トリップ (Tripp, John) 宛ての報告で、長さも言葉遣いもまずは平均的である。ここまでに述べてきたさまざまな事柄の裏付けとしても、見ていただきたい。なおオックスフォード版テキストには、まったく注がついていない。

私の大変立派な友人である紳士方、

私が前回報告して以来あったもっとも注目すべきことといえば、今週は陛下が毎日上院にお見えになり、審議と決議を行う間ずっとそこで席に着かれていたことです。それで、昨日上院は一団となってホワイトホールに行き、このことで陛下が彼らに与えてくださった名誉に感謝を申し上げました。私たちの議院での仕事については、木曜日に、シティーについての法案を上院に上げましたが、これはおそらく、議会を通過したもっとも長い法案でしょう。上院はまだそれを第一読会にかける時間がとれないでいます。ふたつの法案、すなわちブランディー禁止法案と、ブランディーは一六六六年一一月以来八ペンスを払っているべきだったという議会決議に沿う法案は、どちらも、委員会付託以上には進みませんでした。その他の件はほとんど、私たちの手を離れました。しかし来週になると、たくさん上院から下りてくることでしょう。まず、彼らが信仰集会禁止法に多くの実質的変更を加えたうえ、ついには、全ての教会関係の事柄における陛下の古来の特権を持ち出して、猶予の条項まで付け加えてしまった、ということがあります。この条項について、一部の人々は、法案全体の適用を陛下の権限で免じることができるようにするものだと推測しています。彼らは昨日この件の処理を完全に終りましたが、私たちの議院［下院］はまだそれを受け取っていません。いくつかの点は相当の時間を食いましょうし、そういった点について両院の間で合意が成立するまでには、両院協議会も開かれましょう。それから、ロス卿の再婚の法案は、月曜日の朝に［上院で］法文清書されたものが読み上げられるはずですが、上院ではそれでおそらく一日が潰れるでしょうし、そちらで通ったところで、私たちの議院でも三度以上の読会を経ねばなりません。それに彼ら［上院］は、まだ永代借地の売却についての法案を処理し終っていませんが、それも私たちのところに下りてこなくてはなりません。他にも私たちから彼らに回した分が多くあり、そのほとんどは私法案ですが、なにしろ彼らはロス卿の法案と信仰集会禁止案というふたつの件にかかりきっていますので、ほとんど［他のことを処理する］暇がないのです。とはいえ彼らは、主教たちも含めて、昨日は午前中いっぱい審議していましたが。そんなわけで、あれこれ考えあわせると、私たちとしては復活祭前に仕事を終えたく、また王も二度にわたって督促のお言葉を伝えてこられたのではありますが、どうやら祭日以降も議席に着く羽目になるのでは、と思います。

私は　紳士方云々

貴殿方のもっとも情愛深き友人にして奉仕を心がける

アンドルー・マーヴェルです。

ウエストミンスター。一六七〇年三月二六日。

さて、最後に、マーヴェル書簡集の意義をあらためて考えてみる。どの種類にせよ、王政復古期の政治や社会について資料価値が高いのは、なにしろ現職下院議員の言葉だから当然である。だが、それだけではない。たとえば、ハル市参事会宛の書簡を逐一読めば、さまざまな法案の辿る運命や上下両院の確執、また欠席率増大に苛立つ下院の姿などを通して、そういう事態を現出せしめた諸々の力や風潮を動態把握できる。これは、時代理解の上で、たんなる解説書や研究書とはいわば別次元を開いてくれるものである。

もっとも、公的書簡の場合、相手団体の興味に応じて彼の情報提供も偏っていることに、注意する必要がある。そういう団体にとっての一大事は、かならずしも国の一大事ではないのだから。また、これらの書簡は、書き方自体が事務的かつ簡潔であるうえ、生活描写など当然ながら滅多にない。ピープスの日記のように、漫然と読んでも面白いという類ではないのである。[27] どころか、先にも指摘したように、読みこなすこと自体が難しい。

マーヴェルの伝記を考えるには、どの書簡群ももちろん必須資料である。ただし、伝記的情報において必ずしも豊富とは言い難いし、作品理解のために内面に踏み込む手がかりとなると、すくなくとも一見した限りでは、期待外れだろう。ことに、一般に関心の高い叙情詩群とは、書かれた時期自体、完全にずれている。「アップルトンハウス」との関係が見える先の書簡のような例はきわめて希だから、上で示唆したような観点から暗号として用意周到に扱わない限り、マーヴェルの人間像や叙情詩の読み方がこの書簡集から分明に浮かび上がるというわけにはゆかない。端的に言えば、分かりやすい形での人間的、文学的興味に乏しい。[28] 先にも指摘したように現にあまり読まれないのも、また、十七世紀末ごろにウィリアム・スキナー（Skinner, William）が、所持していた沢山の彼の書簡をパイの下敷用に女中に渡してしまったのも、そういう事情を物語るものだろう。(29)

研究史が成熟すれば、考察の糧がより広く求められるのは当然である。かつてほとんどかえりみられなかったマーヴェルの後期諷刺作品群も、すでに最近では、時代を語るにも彼を語るにも必須資料となった。この意味では、書簡集もやがて必須資料になってゆくのは、火を見るより明らかである。しかし、それで事足れりとするわけにはゆかない。

マーヴェル的なるものの核には、言葉に対する彼のスタンスの特異さがある。そして、彼や彼の詩に定式的に結びつけられる'unhoopable'などの形容は、主に叙情詩の言葉から彼を理解しようという従来の枠組の無効さを如実に物語るものである。とすれば、ジャンルや時期という枠組をいったん取り払ったところで、彼の言葉のすべてを統合的に再評価する試みがなければならないのではないか。前期と後期を切り離すこと、叙情詩・諷刺詩・諷刺散文・書簡を切り離すこと自体を、マーヴェルを考える者は問いなおすべきだろう。これは、研究史が長くなるに伴ってより広範な資料が読まれだすのとは、また違った次元の問題である。いわゆる前期作品である叙情詩群の読みも、諷刺作品や書簡をも含めた彼の言葉全体とともに吟味されるとき、何ほどか変化してゆかざるをえまい。こうした変化こそ、解釈の成熟と呼ばれるにふさわしいはずである。研究史を通観すると、ようやくその時期にさしかかったという気がしてならない。

注

（1）*The Poems and Letters of Andrew Marvell*, ed H. M. Margoliouth, 3rd ed., revised by Pierre Legouis with the collaboration of E. E. Duncan-Jones (Oxford, 1971), vol. ii. なお、論中の書簡の引用はすべて上記テキストから。書簡の訳はすべて同書から吉村が行ったが、紙数の都合上、長文の原文掲載は省略した。また、特別の表記がない限り、本論の伝記的情報は上記 Legouis による。

（2）しかし、王政復古前の書簡の相手は、J・ミルトン、O・クロムウェル、G・ダウニングといった有名人である。

（3）ハルは特権として「州都市 (country Borough)」の資格をもっていた。議員選出は、定例裁判日で自由市民が集まる 'Country Day' に行われ、一年交代の「州知事 (Sheriff)」が主宰した。選挙とはいっても、本来は発声による支持表明だが、マーヴェルを騎士議会に選ぶときにはそれではけりがつかず、候補者四人それぞれの支持者数を実際に数えている。イングランドの選挙制度は簡単ではないし、しかも当時は、その選挙史上でも特筆すべき変化の時代だった。マーヴェルの選出にまつわる事実関係の最低限のものは上記のルグイの本とオックスフォード版のテキストの注で分かるが、それらを社会的文脈の中で正しく解釈するためには、たとえば Mark Kishlansky, *Parliamentary Selection: Social and Political Choice in Early Modern England* (Cambridge University Press, 1986) のようなものを参照することが必要である。

（4）これらの書簡の筆跡はマーヴェルだが、後ほどマーヴェル単独で書くようになってからとは文体がはっきり違うので、ジルビーが上席議員としてマーヴェルに注文をつけるかたちで好みを反映させたと考えるべきだろう。

（5）このエピソードも含めて、ジルビーの略伝は、B. D. Henning, *The House of Commons1660–1690* (Secker & Warburg, 1983), ii. pp. 394–95. による。

（6）このことも含めて、ハルが復古政権の歓心を買うために傾けた努力については、Edward Gillett and Kenneth A. MacMahon, *A History of Hull* (2nd ed., Hull University Press, 1989), pp. 186–88.

（7）実際に、伝統的な発声による支持表明で決着がつかなかったのだから、おそらく、相当に激しい選挙運動が先行してあったと考えられる。姉たちの嫁ぎ先であるポップル家やブレイズ家がマーヴェルを強力に推したのは間違いないが、当時はこうした選挙運動が激化する傾向にあった。つい中傷なども行われがちであったから、ジルビー陣営が護民官政府の中堅官僚だったマーヴェルについてどういうことを触れまわったか、想像に難くない。Mark Kishlansky 上掲書を参照のこと。マーヴェル自身、後出の六月一日の手紙では、ジルビー大佐と自分の仲たがいを、選挙中のしこりに由来するものだと述べている。ただし、もっと根深いものであることは明らかである。

（8）このときマーヴェルは相当に強力な嫌がらせをジルビーに対して行っており、ジルビーがハル市参事会に送った泣き言めいた手紙が残っている。仲たがいの直接の原因は、ヘッズルの教会の臨時礼拝堂という資格だったハルのトリニティー教会（じつはこちらのほうがずっと規模が大きく、かつ重要な教会である。そのためにいろいろと不自然な事態が起きていた。マーヴェルの亡父は、このトリニティー教会の、市に指名された説教師だった）を、ヘッズルの教会から切り離して独立させる運動の進め方である。このときのマーヴェルの強烈な妨害手段には、彼の闘争的性格が窺われる。*Poems and Letters of Andrew Marvell*, ii, pp. 359–60を参照のこと。

（9）Pierre Legouis, *Andrew Marvell: Poet, Puritan, Patriot* (Oxford, 1968), pp. 129–30. 伯はオリヴァー・クロムウェルに忠実に仕えた人物で、マーヴェルとは親しかった。マーヴェルの同行は、伯が強引に望んだようである。ただし、伯の用務はいささか秘密めいたものだったようで、そのためにマーヴェルも（自ら私事と表現しているように）正面きって欠席の正当性を主張出来なかったものと思われる。帰国するとすぐに再び伯に望まれてロシア等への使節団に加わるが、このときには各方面から正式に了解を取りつけている。

（10）Edward Gillett and Kenneth A. MacMahon, *ibid*, p. 187 および B. D. Henning, *ibid.*, pp. 394–95.

（11）P. Legouis, *ibid*, p. 119. また、当時の議員報酬の一般的性質と、それを受ける議員がなくなっていったことについては、たとえば、K・R・マッケンジー『イギリス議会』（敬文堂、一九七七年）、九七頁。

（12）だが、市から托された多額とも思われない運動資金すら、彼は几帳面に報告して、不用の分は返却しているくらいだから地位を濫用していたのではない。マーヴェルを買収しようと訪れたダンビー伯が、清貧ぶりを見せられてはねつけられるという、これまた有名な話も、彼の貧しいながらの自立がよほど印象的だったのでなければ、生まれはしなかったろう。ここでも、ジルビーが宮廷の 'dependent' としてリストに出ていることを忘れるわけにはゆかない。

（13）微妙な問題だが、大筋においては疑うべくもない真実だと思われる。Bradbrook が *Andrew Marvell* (Cambridge University Press, 1940, 1961) で、'metaphysical prose' と呼んだマーヴェルのいわば芸としての散文文体がルネッサンス的なものであることについては、誰にも異存はあるまいが、事務的報告が主であるこの書簡集の無味乾燥な文体についても、たとえば Ian A.

Gordon が言う、一五世紀からルネッサンスを経て一七世紀まで生き延びる 'free' な系統の（つまり、一七世紀後半時点では、古い）英語散文文体の特徴が、見事に当てはまるのである。Cf. Ian A. Gordon, *The Movement of English Prose* (Longman, 1980) pp. 55–57, 113–14, 125–28.

（14）吉村伸夫「マーヴェルとミルトン」『鳥取大学教養部紀要』第二一巻（一九八七）。

（15）騎士議会の初めの頃に、まだ無名のクリフォードに一発お見舞いして、下院の譴責処分を受けているし、ハル選出のシニア議員である同僚ジルビー大佐とは、たちまち大喧嘩をしてしまい、まるで子供のようにハル市にもその旨を連絡して、あとはずっと単独で手紙を書き通しているほどである。さらに有名なエピソードとしては、ロシア旅行で生意気な御者をピストルで脅そうとして反対にひどい目にあわされている。外から見る限り、けっして重厚な印象を与える人物ではなかったろう。

（16）この点については、マーヴェルは繰り返し注意を呼びかけている（たとえば、一六七〇年一一月八日付け市長宛てや七二年一〇月二一日付け市長宛）。マーヴェルの書簡を、王政復古時代という背景の中で、この側面から論じているのは、N. H. Keeble, *The Literary Culture of Nonconformity in Later Seventeenth-Century England* (Leicester University Press, 1987), pp. 80–81.

（17）首長自身を、'yourself' と呼び、内容伝達についての判断を市長に委ねている手紙もある。たとえば、一六七一年一月五日付け市長宛て。

（18）確かな事情は分からないながら、在ロンドンのマーヴェルと在ハルのジルビー大佐の間に、この件を巡ってすでにいささか確執が生じていた可能性がある。というのは、ハル市参事会は兵士たちについての苦情をロンドンのマーヴェルを通じて長官ベラシス卿に申し入れ、卿は部下のジルビー大佐に善処方の指示を出している（マーヴェルの一六六〇年一一月二二日付け報告による）のである。二人の政治的背景など考えれば、この時点からすでにお互い快からぬ思いを抱き合っていたことは、十分想像がつく。

（19）吉村伸夫（訳）『マーヴェル詩集——英語詩全訳』（山口書店、一九八九年）、pp. 165–66.

（20）Legouis, *ibid*., p. 117. ちなみに、ここで 'sheriff' が出て来るのは、すでに述べたとおり、ハル市が州都市 (County-City) の特権をもっていたからである。

（21）すでに名をあげたが、メアリの上の姉アンの嫁ぎ先ブレイズ家も富裕かつ有力な家柄で、市の行政における重味を加えつつあった。Legouis, *ibid*., p. 6 および Gillett and MacMahon, *ibid*., p. 187.

（22）『ピープスの日記』一六六五年一月三日の記事は、当時の人々がこの権利をどう見ていたかをよく表している。*The Diary of Samuel Pepys*, eds. R. C. Latham & W. Matthews (University of California Press, 1972), vi, p. 3 & p. 3fn.

（23）この案件は、下院本会議に法案として出す決議を委員会で行ったが、結局、一六七四年四月の閉会によって時間切れとなり、実際には本会議にすら出せないままとなった。マーヴェルは、自分が委員会でこの法案阻止に働いていることを、何通かの書簡で強調している。

（24）Gillett and MacMahon, *ibid.*, p. 193 には、実際はトリニティーハウスはこの灯台の建設に反対していた、とある。航行が危険な方が、水先案内人の必要性が大きいから、ということらしい。マーヴェルがじつはこの灯合建設そのものを妨害していた、というのは、いかにもありそうなことである。しかし、同書は、マーヴェルの主たる交渉相手で手紙にも頻出するエンジェルなる人物に一六七七年に特許が下りたとしている (p. 193) が、そんなはずはない。死去直前の手紙（一六七八年四月一九日付）でも、彼は、エンジェルに特許が下りるのを精力的に妨害する活動を報告しているのだから。この件については、Legouis, *ibid*, p. 126 の記述が正しい。

（25）*The Poems and Letters of Andrew Marvell*, vol. 2, p. 371. ただ、いかにも確証しにくいことだしその理由がまた分からないのだが、手紙の微妙な言葉遣いなどからは、彼がハルのトリニティーハウスにあまり敬意を払っていなかったような印象を受ける。

（26）たとえば、一六七六年七月一日付けのウィリアム・ポップル宛ての手紙に、*Account of the Growth of Popery* の評判のこと、また同人宛て同年同月一五日付けの手紙では *Mr. Smirk* のことがチラリと述べられたりしている。

（27）じつは、私信の大部分もまた、この点例外ではない。そもそも下院議員殿との文通を、どういう関心をもつ者が求めるかに思いを致せば、これはすぐに了解されよう。逆に言えば、私信の大部分もその資料価値において、公的書簡群と同じような側面を濃厚にもつということである。

（28）とはいえ、ハルへの報告書簡集をピープスやイヴリンの日記と重ねて丹念に読んで行くのは、当時の首都と宮廷での情報の伝わり方や人々の関心のありかたについてときとして思いがけない発見や示唆につながるという意味で、きわめて実り多い作業である。ひとつだけ例を上げておくと、サンドイッチ伯とバッキンガム公のフランスでの決闘未遂事件は、ピープスの日記にもマーヴェルの書簡にも、同一日付（一六六一年二月七日）で登場する。諸々の条件を勘案すると、このはなしは、伯の船が港に着くやいなや首都の特定層の人間たちに驚くべき早さで広まったと考えざるをえない。ピープスは伯の子飼いだから、彼の日記の記事だけ読んでいたのではそういうことは分からず、早く知ったのは当然のような気がするにすぎないだろう。それだけでは、社会的洞察の助けにはならない。

(29) P. Legouis, *ibid.*, p. 124.

二　文学者にとっての王政復古時代イングランドを考える

――『マーヴェル書簡集』の仕事の中から――

一

標準的な英文学史が描き出す王政復古時代の像は、周知の通り、きわめて貧しい。王政復古期喜劇とミルトンやドライデンなど少数の作品を除くと、あたかも、エリザベス朝的文学の残滓と十八世紀以降の文学の萌芽しか、そこにはないかのようでさえある。こうした像が、対象の芸術的価値に研究が正当化されるという伝統的考えかたから生じているのは明らかだが、王政復古時代イングランドの読者層に享受された言葉の世界が、ほんとうに貧しかったわけではない。それどころか、すでに散文ジャーナリズムが普及しており、各種出版物にしても、世紀後半に限ってさえ数万点といわれるほど、豊かだった。情報ジャンクションとしてのコーヒーハウスにそれらが欠かせなかったことはよく知られているし、[1] コーヒーハウスなどない地方の紳士たちにも、首都情報は届けられていた。ロンドンから地方へ、週に三度、深夜に郵便馬車が出ていたのである。国会の審議内容すら、守秘規制のない（というより、書簡をやりとりするのは紳士であって信頼しうるという建前に立っての、黙認）[2] 手写書簡という形態で、商業的に届けられていた。言葉が社会に果たす機能から見て、まったく新しい時代が出現していたというべきだろう。読み物として流通した情報の多彩さ豊富さの点でまさに近代社会の原型だが、それらは、ジャーナリズムであれ、政治的国民層に流通していた政治諷刺詩や論争文書であれ、また、大量に印刷出版され読まれていた説教集や神学論であれ、現在は一般に文学扱いされていない、もしくはよくても辺縁域に閉じこめられているものである。王政復古時代の文学世界の像が貧しい所似だが、それらにもっと真剣な考慮を向ける必要は、ないのだろうか。すくなくとも、研究対象としての適否判断に同じ仕分け概念を用いることが妥当かどうか、検討の余地はないのだろうか。

歴史学において、王政復古時代が一般に英国社会の変遷の分水嶺と見なされるのは、それだけの本質的変化が短期間に起きたからである。[3] 変化は、たとえば国家権力と自治都市の関係、国家権力と国教会の関係、さらには軍事力のあり方など、制度史的見地からも明らかだが、文学者の関心は、制度変化そのものではなく、それが表徴する社会変化の中で葛藤する人間にある。この時代が、いわば豊かな深い森として魅力的なのは、まさにその点においてなのだ。そして森の本質は、複雑な有機的全体としてのそのあり方にこそ存する。たとえ特定の書き手や作品を扱う場合でも、そのことを忘れてはなるまい。芸術的価値（判断基準としてのそれが不安定きわまりないことは、文学研究史に無知でない我々の多くが、一種痛恨の念をもって想起するところではあるまいか）を言い立てて、時代のもっとも特徴的で主流的な言葉を切り捨てるとすれば、文学者とは、いわば銘木業者以外の、いったい何であるのだろう。豊かな森にいながら貧しい絵しか描けないとすれば、繁茂する木々が見えない目をもっているためなのだ。

比喩は挑発的に過ぎたかもしれないが、示唆した問題自体は、今日普遍的に意識されているものである。あらゆる研究分野で従来の視点や枠組みが崩壊しつつあるのは、それらでは有効な答えを出せない問いかけが行われるようになったからにほかならない。人間とその社会についても、事情は同じである。我々はいま、剥き出しになった自らの多面性・多義性に、戸惑いつつも正面から対峙し始めているのだといえよう。じっさい、英雄・偉業・名作・先進国といった、通俗的な意味で意識の光を浴びやすい事象に特権的地位を認めていたほんの数十年前まで、我々は、人間についても人間社会についても、先ほどの比喩に戻れば、森のいわば樹冠部しか見ていなかった。その下の暗がりに取り残してきた世界へ、さらには、認識装置に工夫を凝らさねば見えない秘められた意味世界へと、方法論を整えて分け入りだしたのは、周知の通り、比較的最近のことにすぎない。だが、この流れは、間違いなく不可逆であり、しかも加速しつつある。たとえ古い時代の文学の研究であっても、従来依拠してきた認識装置の信頼性が疑わしくなっていることに、変わりはない。もっとも基本的なジャンルの概念さえ、あらためて見直してみれば、この時代にはそのまま適用できない事情があることが、見えてくる。現在主流的であるような王政復古時代の扱い方は、そのレベルですでに、信頼性が揺らぐのである。

たとえば、マーヴェルの後期の作品を考えてみよう。いずれも圧倒的な文学的力量をもって書かれているが、書いた本人には、詩の場合でさえ、たとえばドライデンが自分の作品に抱いたような意味での、文学作品という意識はない。あくまで、特定の政治的・社会的効果をあげるための道具である。だが、その点に固執するならば、彼の作品群のみならず、ジャーナリズムであれ説教であれ神学論であれ、言葉は社会的道具であって、それ自体のために書かれたわけではない。あらためて思えば、文学の領分である修辞学は、そもそも、言葉の社会的道具としての性能を高めるものではないのか。その意味での文学的素養なら、古典の教養とあわせて、当時の著作家の多くがかなりの水準で備えていた。論争用の散文ですら（むしろ、それだからこそ、という面もあるが）、投入された文学的素養の質と量が現在ではまず到達不可能な域に達しているのは、なにもミルトンばかりではない。マーヴェルもまさにその例なのだ。この二人には及ばなくとも、ことに文学的素養の面でひとかどと思える例は、当時の教育システムを（したがって、学問領域の成立原理を）考えれば当然のことながら、数限りなくある。しかも彼らの多くは、著作を行った領域では、無名でも無能でもない。時代文化の形成者であり、近代英語散文の作り手となったのは、飛び抜けた才能や教養をもつ少数ではなく、じつはこの人々であるということも、忘れてはならないだろう。すくなくとも、現在の文学範疇を研究対象の線引きに用いる不都合は、明らかではあるまいか。この問題について、社会が言葉にかける意味論的な歪みという観点からも、すこし考えてみよう。

王政復古時代のイングランド社会は、政治に濃厚に染められていた。そのことを、けっして失念してはならない。当時の人々から見ての近い過去は、内戦から革命、そして大空位時代から王政復古へという強烈な政治的出来事に満ちていたし、急激に発達したジャーナリズムのおかげで、彼らは社会的情報の氾濫にさらされてもいた。しかも革命以来、それまでより民衆レベルに近いところでの政治参加が行われていたという事実もある。絶対主義フランスとカトリック信仰に関わって宮廷＝政府への不信や不安が広範に抱かれ、疫病大流行があり大火があり、何度も対外戦争や海外派兵があった。とくに、中流以上の市民たちに直接関係するロンドン市一般市議会を舞台としての、国教会＝宮廷勢力と野党非国教徒勢力の闘争は激烈を極めた。(4) 悪名高い国庫払出し停止といった措置も、基本的には、そういった政治的文脈の中で見るべき出来事である。これらをめぐる情報は、信仰集会やコーヒーハウス経由で、濃密に首都市民に流れたし、首都情報には需要があるので、ジャーナリズムの力を借りずとも、いろんな形で地方に流通した。たとえば、首都にいるマーヴェルに、スコットランドでの武力による非国教徒弾圧のニュースが入ると、彼はそれを、ただちに書簡に書いて、自分を選出したハル市参事会に送り出す。(5) 有力市民団宛てだから、この情報伝達には、最初から重要な社会的広がりが組み込まれていたことになる。後期スチュアート朝社会において政治への一般的関心が高い水準で持続した状況証拠や、その理由と思われるものを列挙するのは、難しいことではない。

そうした雰囲気を端的に窺わせる例を、いわば社会の両極からひとつずつ、紹介しておこう。一六六八年三月、ロンドンの徒弟たちが蝟集して、王と宮廷文化と信仰集会法強制への当てつけに、売春宿を引き倒す事件があった。我が国や欧米がある時期に経験した学生運動が想起されるが、こうした事件は、対応した権力の性質とともに考えられねばならない。近代的な人権や国家責任の観念が権力側にまだなかった点からいえば、むしろ、現在世界各地で見られる、政治的に未熟な一般大衆に急に大量の情報と政治参加の機会が与えられた状況を想起すべきだろう。この種の動きに当局が驚くほど過激な反動的対応をするのも同じで、このときも、伝統行事という面があったにもかかわらず、首謀者たちに残虐な死刑が行われたのだった。[6] コーヒーハウス禁令[7]やクラレンドンコードと呼ばれる法律群の、ほとんど素朴といいたくなるほど露骨な反動性に、我々は滑稽さすら覚えるが、社会現象の類型としては、現在も日々報道されているところと遠くないと気づけば、滑稽どころではなくなってくる。もうひとつ、一六七四年十月、対オランダ戦争のために編成を終了した部隊が、結局その必要がなくなったにもかかわらず、解散せずにロンドン郊外ブラックヒースに宿営を続けたことがあった。このときロンドン市民や議会が陥ったパニックに近い様子を見ると、宮廷が軍で議会を制圧して独裁に移行するのではという不安が、どれほど切実なものだったか察せられる。[8] 政治的に比較的安定している西欧型民主主義社会に生きる我々は、王政復古時代のイングランド社会が構造的に未熟で不安定だったことを、つい過小評価しがちだが、[9] 社会が人間の言葉や行為にかけていた圧力の性質からすると、上で示唆したように、じつは現代の政情不安定な独裁国に近い側面さえある。安易な類型化は慎まねばならないが、この面の評価を等閑に付しておくことはできない。

言葉も行動も濃く政治的意味合いを帯びてしまう社会だったと知れば、それらの解読に際して再現的に加えるべき補正の性質も、自ずから明らかになる。しかしそれに際しては、いま紹介した徒弟暴動の例でも見られるように、政治問題はそのまま宗教問題でもあったという事実が決定的に重要である。(10) 上記クラレンドンコードにしても、そもそもは、自治都市が非国教徒政府批判勢力の巣窟になりやすいという認識が、政府＝宮廷と下院主流の保守的国教徒に共通してあったところから、国教会右派のキャンペーンのもとに、その指導者たる聖職者を都市から排除しようと生みだされたのだった。信仰としてはプロテスタント非国教徒と対極にあるカトリック教徒もまた、実態とはかけはなれた警戒心と猜疑の的になっていた。この状況は、カトリック王ルイの絶対主義フランスとチャールズの特殊な親近性を背景にしているが、右に例示したような、王と宮廷が軍隊を国民への暴力装置として利用するのではないかという不安も、同じ背景があってのものである。ここでも、政治と信仰問題は切りはなせないかたちで、人々の意識に高い圧力をかけていた。

論争文書も説教集や神学議論のかなりの部分も、ホッブズからロックにいたる国家論も、もちろん政治諷刺も、こうした、きわめて高い政治＝宗教的な圧力のもとにあった社会で、書かれ、読まれたのだった。テクストを扱う場合、それが社会に流通した時点での意味の復元が重要であるのは論をまたないが、そこにこだわるならば、たとえばドライデンのある種の作品については、政治的意味合いの評価が不十分だという批判があっていいだろう。いずれ相対的なことには違いないが、明確に体制側の宣伝文書として書かれたものを、文学作品としての面にあまりに偏った光を当てて評価するのが、はたして妥当かどうか。この批判は、王政復古喜劇なども含めて、文学として扱われている作品一般の扱いにもあてはまると思われる。

右で示唆したのは、社会が作り出す意味論的な歪みを着実に評価する枠組みを作る必要性だが、純粋に技術的な不都合も、指摘しておかなくてはならない。作品と呼ぶことに異論がなさそうなものですら、現在認知されている文学ジャンルやカテゴリーに収まるとは限らないからである。たとえば、王政復古時代の論争散文の最高傑作といえそうなマーヴェルの『「リハーサル」散文版』(*The Rehearsal Transpros'd*) がジャンルとして名乗る'animadversions'という言葉を、現今溢れかえる文学用語辞典類のどれが、収録解説しているだろうか。*Early English Books, 1641-1700* (University Microfilm Incorporated, 1990) によれば、世紀半ばの数十年間、これをタイトルとするパンフレットはきわめて多い。[11] その言葉を見れば誰にもパンフレットの種類が直感されたのは明らかだから、じゅうぶんにジャンルの名に値したのである。それが、ある頃から見事に姿を消し、やがては忘れ去られてしまう。神学関連の出版がきわめて多かった王政復古時代、'annotations'もやはり文学ジャンル的な地位を得ていたが、マーヴェルは『「リハーサル」散文版 第二部』(*The Rehearsal Transpros'd, The Second Part*) に続く『スマーク氏』(*Mr. Smirk: or, the Divine in Mode*) で、今度は相手（といっても、別の相手である）が'animadversions'と称していたのを受け、自分の作には「annotations」を名乗らせる挙に出た。ジャンルを巡る当時の事情を、十八世紀以降の文学に準じて扱うわけにはゆかないことは、こうした状況証拠からも明かではあるまいか。そうした枠組みだと、これらをうまく位置づけることすらできないのである。

共同認識としての位置づけはできていないまま、しかし最近は、たとえばマーヴェルの場合、こうした論争散文作品どころか書簡までも、一般向けアンソロジーに、部分的にではあるが収録されるようになった。[12] 特殊な部分だけを切り離して語ることとの忌避という、認識原理自体の変化が、こうしたところにも如実に見える。認識対象に繰り込まれる世界の立体的拡大という、最初に指摘した現実の前に、伝統的な囲い込みの枠が崩壊してしまったのである。ほんの数十年前、マーヴェルのアンソロジーに叙情詩以外のもの、百歩譲っても韻文以外が選ばれるなどと、誰が本気で考えただろうか。

とはいえ、文学作品扱いされてこなかったテクストを文学者が十分に理解するのは、特殊な背景事情や特定領域の知識が高い水準で必要なことが多いため、それこそ現実的な問題として、容易ではない。そのことをうやむやにすべきではないだろう。政治的タイミングを狙い澄まして出された文書など、関係する制度や政治状況や人間関係の詳しい知識がなければ、書かれた意図やその実現のために取られた戦略戦術を正確に評価することはおろか、ただ読むさえも困難である。ドライデンの『驚異の年』(*Annus Mirabilis*)『アブサロムとアキトフェル』(*Absalom and Achitophel*)と、マーヴェルの『画家への指示 最終回』(*The Last Instructions to a Painter*)を比較すれば、このことの意味は明らかだろう。前二者をひととおり理解するのに必要な歴史知識は初歩的常識のレベルだが、後者を同程度に理解するのに必要なそれは、政治情勢や議会慣習や大群をなす個人たちについての情報から風俗に至るまで、微細かつ膨大だからである。こうした困難に加えて、一般に文学者が生々しく世俗的な政治の世界を忌避する傾向も、忘れるわけにはゆかない。結果的に、ドライデンとマーヴェルが、敵対する陣営のそれぞれを代表して対等の勝負をしていたという事実や、傾注された文学技量が甲乙つけがたいという事実が、すくなくとも最近まで、あまり注目されないことになってしまった。だが、そうして文学者上敬遠されたとしても、『画家への指示 最終回』の文学伝統への依拠、とくにパストラルの約束事の利用には、非常に高度で濃密なものがある。失礼ながら、その方面の文学的素養を欠いた一般の歴史家(ヒルなどはあきらかな例外である)に、メッセージの十分な解読は期待しがたいと言い切ってよいだろう。結局、これほどの重要作品[13]を、いったい誰が価値にふさわしく評価するのだろうか。たんなる時代情報断片の宝庫として(たしかに、その面だけでもたいしたものではあるが)放置しておくのは、すくなくとも筆者には、文学者の無責任としか見えない。

先ほど示唆したとおり、英米では、現実先行で事態が変わり始めた。だが、様々な角度から示唆してきた問題が基本的に解決される見通しが、かならずしもついたわけではない。相互の親近性と裨益性がもっとも強いと思われる、広い意味での歴史学と文学との共同基盤さえ、文学のための背景書誌[14]といったもの以外で見るべきものはないように思われるのである。いずれ現実の変化を追って研究のあり方も変わるには違いなかろうが、個々の研究者に、傍観などという主体性を欠いた態度が許されるはずもない。

とりあえずは、政治諷刺や論争文書をはじめ、先に列挙したような類の言葉について、王政復古文学の研究者が定常的に扱えるような位置づけ、いわば森の構成種としての認知を行うことが必要である。きわめて豊かな森が、それによって我々の前に姿を現す。具体的提言の一つとしては、ことに若い人々に、従来の文学研究の対象範囲を一歩踏み越えたテクストとの取り組みを、つよく勧めたい。最初に指摘したように、王政復古時代は読み物がはじめてほんとうの意味で社会に氾濫した時代なのだ。そのことの意義は、いくら強調してもし足りない。だが、乱読の名に値する体験をいわば現地で多少ともしておくとおかないでは、時代の雰囲気を語るにも説得力が違ってくる。先ほどあげた *Early English Books* のおかげで、研究者はもはやテクストの入手に苦しむこともないのだから、環境は整っている。その体験で出会った驚異や当惑はかならず、あらたな調査研究の連鎖の端緒となるだろう。先にも示唆したように、初期近代社会の一つとしての王政復古時代イングランドの社会は、現代の西欧型社会の直接的原型であるとはいえ、それと重ねての安易な類推を許すものでは断じてない。未知の深い森に対しては、謙虚に向いあわねばならないのである。

二

ここまで述べてきたのは、王政復古時代の文学の研究が、研究視野の立体的拡大という大きな流れの中でどういう問題を抱えているのかの示唆、およびそれへの対処としてとりあえずはどうすべきかという提言だった。この結論に至った軌跡を、自分の仕事と重ねて述べておきたい。

右に示したような考えの発端は、十年あまりも前、マーヴェルの後期の政治諷刺詩を、自分はいわば鑑賞的に読み流していたに過ぎない、と気付いたところにある。そこでロード編の *Poems on the Affairs of the State* (Yale University Press, 1963) で同種作品をまとめて読み始めたが、歴史家の仕事に頼らなければ、注の内容すらじゅうぶんには理解できない自分に気がついた。たとえば、ある地位にあったある人物が作中に揶揄されているとしよう。文学技法的に評価して事足れというわけにはゆかない。政治諷刺詩ではタイミングが重要だから、政治状況について一般論以上の理解が必要だし、当該の地位や人物については、当時の読者一般が了解していたことならこちらも知っておかないと、作品に意図された効果の評価は信頼性がないものとなる。人物をめぐる伝記的情報なら文学者にも違和感が少ないが、制度史や微細な政治状況になると、それぞれの専門的研究に頼るほかはない。ところが、分野の基礎知識が欠けている場合、とくにそこに踏み込んだ当初、用語一つにしても不安がつきまとうことになる。我国の英文学研究（教育）の偏りにいつしか取り込まれていた自分に愕然としたが、それよりもさらに衝撃的だったのは、じつは歴史学と文学のすれ違いぶりである。[15]

先にも示唆したが、少数の例外を除く一般の歴史学者は、文学作品にはまず言及しない。[16] 関心そのものがないという印象さえ（誤りであって欲しいが）ある。「歴史学者」とひとくくりにするのは、文学以上に分化した分野だから、乱暴で不当なようだが、だからこそ、たとえばカワードが指摘しているように、[17] 多くの歴史学者はじつは経済や財政がよく分からない、といったことが起きる。当時の政治と社会のダイナミズムを考える誰もが、たとえばチャンダマンの精緻で実証的な国家財政研究のようなものを、[18] 頭に叩き込んで思索しているわけではないのである。いっぽう文学者のほうも、政治諷刺詩を論じていてさえ、歴史学的関心はおおむね通史レベルに留まるように思われる。これは健全な状態とは言えないのではあるまいか、と思わざるをえなかった。客観的にはどちらもどちらだろうが、筆者が責任を感じるのは、もちろん文学研究のありかたである。その後、『書簡集』の仕事にとりかかってふたたび同じ問題に直面しているうちに、伝統的な文学研究への違和感が飽和してしまい、文学研究についての考えが、それまでは予感の状態にとどまっていたのが、徐々に明らかな輪郭をとって見えてきた。

その考えを、一言で言えば、テクストから書き手や社会に迫るには、それが生成され理解された場に意味論的な歪みを与えていた力の理解が欠かせない、ということになる。いわば当たり前の理屈で、前半部の最後に行った提唱はその一断面といったものだが、実際にはこれらの力はあまりに多種多様なうえ、相互干渉も複雑きわまりない。どれほど巧妙なモデル化を施してみても、伝統的な文学研究の範囲内、あるいは一人の研究者の力をもってしては、扱いきれるものではない。その意味からも、研究者個人レベルでの積極的な学際化と、人文社会系の研究領域全体のいわば流動性の高まりが、望まれるのである。

ところで、自分の軌跡と重ねて話を進めるとなると、じつはここで、文学の研究者としての自分のこだわりを、あからさまに述べないわけにはゆかない。筆者は一貫して、具体的な言葉の解明作業を自らの課題としてきた。[19]不案内な社会科学の領域にあえて踏みこんだのも、抒情詩人から下院議員へと希有な経歴を辿るマーヴェルの言葉に振り落とされないためには、他に選択の余地がなかったからである。結果的に研究は否応なく学際化して、右のような考えに至ることにもなった。それが成長であるのなら、筆者の成長は、このこだわりがもたらしたものである。それを失わない限り、やはり具体的な言葉のまわりに自力で切り開いた視界しか、筆者は語れない。王政復古時代とその文学について語るにしても、時代文学史や時代文学論といった一般論・総論ではなく、あくまでテクストの解明作業という形態をとりたいのだ。問題は、実際の仕事としてそれがどういうものでありうるか、である。

「視界を切り開く」作業は、特定のテクストの理解のために、いわゆる文学的解明を行うのみならず、広義の歴史学で扱う種々の資料や研究文献をも読み重ね、思索することに他ならない。このような過程を通じて得られた知識と理解は、テクストのいわば局地的疑問をきっかけとしているには違いないが、結果的には、そのテクストを生み受け入れた社会の全体像[20]についての知識と理解という性格も、作業の性質上、濃厚に備えている。先の比喩によって言えば、いわば森の全体像の構築情報を豊富に含むという点で、ホログラム的断片情報とでも表現できようか。[21]テクストに出現した特定の言葉や事象を核にして生まれたものだから、それと一体の脚注の形をとることになるが、記述によって情報のホログラム的性質をさらに補助強化することができれば、一篇の作品全体あるいは一巻の書簡集全体につけた脚注の集積は、テクストそのものと一体化して、読者の心中に、もちろんテクストの種類によって像の部分的濃淡もあれば、それどころかほとんど空白の部分もあるはずだが、ともあれ立体の全体像らしきものを結ぶのではあるまいか。テクストに密着した書き手の個性評価を避けては通れない作業だが、その部分は、まさに文学者の伝統的な領分ということになる。避けて通るどころではない。

繰り返して言おう。具体的な自分の仕事を巡っての理想は、テクストを構成する個々の言葉や言及事象に、自分にあたう限りの社会的情報を脚注で結びつけ、記述によって両者の合体効果にホログラム的性格をもたせることであり、それにより、脚注と一体となったテクストを読む読者の心中に、筆者の心中にある社会像が立体的に再現されることである。そうした書物は、じつは筆者自身が巡り合いを切望する類の書物でもあるのだが、『書簡集』で試みた結果を記せば、筆者の貧しい能力では、脚注記述にホログラム的性格をもたせようとすればするほど、情報の重複やこじつけが多くなり、形態的にも、脚注と称しうる範囲からの逸脱が多くなった。結局、一般的な意味で基礎になる情報を、解説のかたちでまとめて序論の位置に置いたが、この解説はあくまでマーヴェルの書簡全体という特異なテクストに結んだものであって、一般的な意味での時代論などでは、断じてない。

『書簡集』が新しい試みであることに触れたので、本編で述べてきたところのまとめとして、その点を最後にすこし述べておく。じつは、最初からそういう実験的な意図があったわけではなかった。半ばばかり消化して出版を考え始めた頃でさえ、読みづらいマーヴェルの言葉に徹底した解明情報を合体させるという比較的単純な作業だった。さらに出発の時点に遡れば、十分に理解できない部分の安易な回避を自らに禁じるため、一通ずつの逐語訳を日々の課題としていたにすぎない。しかし、ほとんどの書簡は、下院議員としてのマーヴェルが主として議会報告のために書いたものであるから、言及される法案が社会の雑多な事象に網羅的に関係している以上、彼の言葉への密着は、きわめて多彩多様な非文学的資料との接触を強いる。すでに示唆した政治諷刺詩の場合と本質的に同じ状況にふたたび直面したが、困難の質も量も比べものにならないのは、もちろんである。文献の雑多ぶりは、思いつくままに例をあげるだけでも、制度史や経済史の一次資料や研究文献、各種伝記、さらには外国人のイングランド旅行記から地方聖職者の日記にまで及んだ。[22] 当初は効率の悪さに苦しんだり焦ったりしたが、書簡テクストと一体化したそうした情報と知見の集積から、最終的には、文学も政治も局地的現象でしかない「社会」が、確固たる立体的存在感を自分の中にもち始めたのは、まぎれもない経験的事実である。上の理想は、この過程のうちに抱かれた。

あえて面映ゆさを忍んで言えば、理想は、それがとりついた人間を動かす。訳と脚注だけの体裁で世に出るはずだった『書簡集』について、脚注全体を見直し、社会科学的色彩の濃厚な解説を書き下ろし、特殊な資料を訳出添付し、さらにはある程度網羅的な書誌まで整備するという、いわば大がかりな仕様変更にあえて最終段階で踏み切った理由は、そのようにしか説明できない。結局は時間不足で不満が残ったが、全体が、一つのテクストとして従来にない類の立体的な社会像を結ぶことを目指した点で、成否のほどはともあれ、新しい種類の仕事だという自負はある。「王政復古時代イングランドへの窓として」という副題は、こうした意図の表現として、急遽つけ加えた。

さきにも示唆したことだが、筆者一人に可能な情報集積量や知見のほどは、もちろんたいしたものではない。じっさい、『書簡集』から読者が得られる像の緻密さも正確さもそれに応じた程度でしかないことを、幾重にも断っておかねばならないだろう。だがその実在感の性質は、いわゆる文学作品のみから得られる像のそれとは、原理的にいわば別次元のはずである。この像の中では、文学者である我々は、一方では、世界を見る視座としての文学の中心性を経験しつつ、同時に、狭い意味での文学は社会的にはあくまで局地現象であるという客観視野も、経験することになる。[23] 筆者はこれを、本質的に健全だと感じるものである。

筆者のみならず、誰のどういう仕事であれ、この時代について提供される情報や知見のすべては、もちろん像の緻密化・迫真性の増加に寄与しうる。重要なのは、いちばん最初の比喩に戻って言えば、森の全体像を知ろうという、主体的で強い意志なのだ、複数の、そして学際的な像が重なれば重なるほど、より確かな像が現れる。こうした考え方が人文社会科学の全域でやがて一般的になれば、共有される立体的時代像がいわば自律的に成熟してゆき、あらゆる専門家にとって説得力のある時代像を、特定のテクストから切り離して描きうる段階に、やがては到達するだろう。もっとも筆者自身は、これからもマーヴェルの言葉を追い続け、その解明に努めるしかないのだが。[24]

注

（1）コーヒーハウスの政治的意味については、Tim Harris, *London Crowds in the Reign of Charles II* (Cambridge University Press, 1987), pp. 78–9. のちに触れる一六七五年のコーヒーハウス禁令については、それを揶揄する断片を最後につけた、マーヴェル作（といわれている）“A Dialogue between the Two Horses”がある。

（2）James Sutherland, *The Restoration Newspaper and its Development* (Cambridge University Press, 1986), p. 7.

（3）こういう意味の記述は枚挙に暇がないので、ここにふさわしいと思われる例をひとつだけ引用しておく。“… the Restoration stands out as the Period in which a new constitution was fashioned. Stuart historians such as Mark Kishlansky have shown how the essentially medieval political system that stressed stability and consensus in the early seventeenth century was replaced by something else during the era ….”—Victor L. Starter, *Noble Government: The Stuart Lord Lieutenancy and the Transformation of English Politics* (The University of Georgia Press, 1994), p. 2.

（4）吉村『マーヴェル書簡集　王政復古時代イングランドへの窓として』（松柏社、一九九五年）pp. 868–7, 1035–42. 以後、『書簡集』として言及する。

（5）『書簡集』p. 877.

（6）『書簡集』pp. 343–5. 参照。

（7）すでに触れたが、この禁令は一六七五年に出た。翌年一月に撤回されたが、そのときの条件が「反政府文書を回覧しないこと」だったのに注意して欲しい。

（8）『書簡集』pp. 600–602. 参照。キャヴァリアと冠され、主流派は王を支え国教会右派と連帯していた議会である。その彼らにして、本国における常設軍の設置も国王への十分な資金供与もけっして認めなかったことを、考える必要がある。Cf. Paul Seaward, *The Cavalier Parliament and the Reconstruction of the Old Regime, 1661–1667* (Cambridge University Press, 1989), p. 35.

（9）“The origins of the political conflicts of Restoration England lay not so much in the disjunction between political and economic power, or in parliament’s ambitions for a greater role in government, but in the sheer weight of the uncertainties and anxieties on all sides”—Paul Seaward, *The Restoration, 1660–1688* (Macmillan, 1991), pp. 144–5.

（10）これに類似の状況も、一部のイスラム教国について、日々報道されていることを想起されたい。マッカーシズム時代のアメリカやスターリン時代のソ連、紅衛兵時代の中国を想起するのもいいだろう。もっとも筆者は、人間社会の普遍的類型を安易に云々したくないし、ましてや、それが細部まで再現性をもつなどと考えているわけではない。

（11）従来STCと呼ばれてきたものはDonald Wingのカタログ *Short Title Catalogue* ... によって一六四〇年までの出版物をマイクロフィルム化したものだが、その後をUMIがマイクロフィルム化しているシリーズ　この九巻本のカタログは、ウィングのカタログでの識別番号の検索ができるだけでなく、著者・タイトル・主題でも検索ができる。また、フィルムリールの番号もポジション番号も記載されているので、至便である。一九九〇年の時点で約五万点が収録されていて、毎年千点ずつ増加中。

（12）たとえば、Robert Wilcher ed., *Andrew Marvell: Selected Poetry and Prose* (Methuen, 1986) や、オックスフォード・テクストシリーズの Frank Kermode and Keith Walker eds., *Andrew Marvell* (Oxford University Press, 1990) がある。

（13）"... *Annus Mirabilis, The Last Instructions*, and *Paradise Lost*, poems of that year of literary wonders and political disasters, 1667."
—Steven N. Zwicker, *Lines of Authority: Politics and English Literary Culture, 1649–1689* (Cornell University Press, 1993), p. 95.

（14）たとえば、Robert D. Spector, compiler, *Backgrounds to Restoration and Eighteenth-Century English Literature* (Greenwood, 1989)、また Margaret M. Duggan, *English Literature and Backgrounds 1660–1700* (Garland Publishing, 1990), 2 vols. など。

（15）広い意味で言っているのであって、通史的なものばかりではない。きわめて具体的な事柄の場合、通史では役に立たないから、どうしても、たとえば経済や法制や軍事の専門的研究文献、場合によっては一次資料にまで、手を出すことになる。

（16）マーヴェルの、文学者がほとんど関心を示してこなかった諷刺詩や論争散文が、よく言及されるという意味で、目立った例外である。もちろん文学としての評価など行われない。下院議員だから、書簡がよく利用されるのは（当然と思われるほどの頻度ではないような気はするが）不思議ではないだろう。

（17）Barry Coward, *The Stuart Age: England 1603–1714* (Longman, 1994), p. 286.

（18）C. D. Chandaman, *The English Public Revenue 1660–1688* (Clarendon Press, 1975).

（19）個々の例になるとどちらと称すべきか微妙で難しいものがあるが、筆者が求めるのは「解明」であって、「解釈」ではない。

（20）厳密には、それと理論的に等価な仮想的情報構造体――いま流行りの言葉で言えばヴァーチャルリアリティー――ということになる。

(21) 周知のとおりホログラムは、一時は記憶メカニズムのモデルとして注目を浴びた。断片が全体像を再現するという事実が、記憶についてのある種の実験とよく符合するためだが、その話題性もいまでは薄れたようだ。結局は、モデルではなく比喩にすぎなかったのだろうか。ここでも比喩として扱うが、じつは筆者にとっては、参照光といった概念も含めて、たんなる比喩以上のものである。

(22)『書簡集』の「略書誌」参照。

(23) マーヴェルにとっての文学も、このとおりだったに違いない。マーヴェル論を書いているのではないから深入りしないが、じっさい、この仮説によれば、多くの謎が見事に説明されるのである。ただ、彼を執拗に追跡したあげく彼に取り込まれて、彼の考えを語らされている気がしないでもない。もって瞑すべきかも知れないが、やはり、あまりいい心地ではない。

(24) 最初からここに述べたような考えで進めた仕事としては、『マーヴェル散文作品Ⅰ「リハーサル」散文版』があり、一九九七年五月に松柏社から出た。

三　文化現象としての近代
――英国の場合 civility の概念から見えるもの――

I

'Civil' と 'civic' はともに 'citizen' の縁語だが、両者のあいだには微妙な違いがある。定説では、'civil' の語源はラテン語の *civilis* であり、'civic' の語源も同じく *civicus* もしくは *civis* だが、C. T. Onions, *The Oxford Dictionary of English Etymology* (Clarendon Press, 1966) を見ると、前者には "befitting a citizen; civilized, refined, 'polite'" という説明が加えられている。*OED* (1989) で確認してみると、後者の基本的定義は "of, pertaining, or proper to citizens" だが、"civic-minded" と熟した場合の意味は、"inclined to concern oneself with civic affairs; public-spirited" だとされている。'civil' の基本的定義も同様に "of, or pertaining to citizens" だが、こちらには "citizen-like, polite, courteous, urbane" という説明がつく。

ようするに、'civic' も 'civil' も 'citizen' の属性を表現するが、前者は公的・政治的な側面に結びつきやすく、後者は（汎用性がより高いことを別にすれば）個人的で非政治的な面、たとえば教養・振舞いかた・交際といったことに結びつきやすいのである。じっさい *The New Oxford Dictionary of English* (Clarendon Press, 1998) は、さらにはっきりと、'civic' を "of or relating to a city or town, especially its administration; municipal: civic and business leaders" と定義している。

両語間のこの対照性を意識すれば、政治を関心の主焦点とする伝統的歴史学が近代を扱う場に登場（もしくは潜在）する‘citizen’は、‘civicness’あるいは‘civic virtues’の観点から見た像だと言えようし、[1]いっぽう、政治そのものを関心の中心的焦点としない歴史学が近代を扱う場のそれは、むしろ‘civil, civility’あるいは‘civil化’としての‘civilization’に注目した像だといえよう。本稿はもっぱら後者を論じるが、それはこのような位置づけにおいてのことである。[2]

ここで注目したいのは、歴史を意識しない場合、つまり現代の日常的用法だけを意識する場合には、‘civility’の定義に‘courtesy’の概念が頻繁に援用される、という事実である。たとえば、*Longman Dictionary of the English Language* (Longman, 1991) の定義では、“1 courtesy or politeness 2 *often pl* a polite act or expression”とあり、*The New Oxford Dictionary of English* の定義でも、“politeness and courtesy”とある。だが、‘courtesy’という語は、まさに見るごとく‘court’（語源的には古フランス語あるいは古プロヴァンス語の）「宮廷」につながるのであり、ほんらいは「宮廷風態度・作法」を意味する。興味深いのは、それが、「civility＝市民《シティズン》的態度・作法」の言い換えに用いられていることだ。本来の対照性が失われたどころではない。同義性さえも、生まれているのである。

この事態が物語るのは、両語の指示対象の区別が実社会で希薄化しており、文脈次第では見失われさえしているという現実である。より厳密に言えば、すくなくとも英語を母語とする西洋社会の人々が自らについて抱く像において、その区別がもはや意味をもたなくなった、という現実である。[3]すなわち、この社会では、ノーマルな「人」であるために満たすべきノーム（規範）は「civilであること」だが、このことは、ノームとしての自明性が備わっているために、通常は意識されない。あえて意識されるときには、このことを自明とする／しうる「われわれ／ここ（いま）」

と、それを自明としない／しえない「非われわれ／非ここ（非いま）」との差異が、意識野に同時に顕在化するだろう。したがってこの事態は、ノーマルな「人」の概念が二極に分解・収斂してきたプロセスの結果でもある。

この観点から興味深いのは、'civil' と 'courtesy' のように辞書の定義に相互に出現しあうわけでこそないものの、実践的には指示対象をこの両者と濃密に共有する 'decent' という語である。この語が意味機能において 'civil' や 'courtesy' と別次元にあることは、現代の一般的な辞書に見いだせる定義からも、明らかだ。たとえば *The New Oxford Dictionary of English* は "conforming with generally accepted standards of respectable or moral behaviour; of an acceptable standard: satisfactory" と定義しており、この語がいわば容器であって固有の具体的内容をもたないことを、露わに示している。つまりこの語の内容は、その時その場の「人」のノーム次第で変わるが、現代の英語圏西欧社会において 'acceptable' で 'respectable' な人間像といえば、結局のところ、上で示したように、'civility' を備えた人のそれにほかならない。そして、この概念の内容が単に精神的なものでないことは、次のような現代的用例から明らかだろう。じつはここから、'civil, civility' の、自明性の背後にあって見えないその内容が、逆照射されるのである：

"I think it would civilize people a bit more if they had decent conditions." Many decent people here are struggling to bring up children against the backdrop of social deprivation and real poverty.(4)

要するに、ここにある「人」のノームは、物質的な意味での生活水準が高い産業先進地域の、しかも平等主義的民主主義が実現されている市民社会《シティズン》の、主流側で抱かれている自己像に由来するのである。

西洋型の産業先進国であるわれわれの社会で流通する‘decency’やその内実を成す‘civility’の自明性をはぎとれば、以上のようなことが見えてくる。だが、形容詞としての‘decency’の本来の意味は、「特定の地位身分にふさわしい」といったことだったのであり、語源を共有する‘decorum’と、用法においてもほぼ重なっていた。(5) そのような限定がぼやけて適用対象が拡大し続け、自明性が高まり続けた結果、特定の内容を失った“of an acceptable standard; satisfactory”に至るのである。このプロセスは、すでに示唆したような、‘civility’による‘courtesy’取込みのプロセスと基本的に同じだと言えよう。社会が市民《シティズン》社会化し、市民《シティズン》の範囲が拡大し主流化して自明性が生じたことが、反映されているのである。

コンピュータ・インストール用 *OED* (v. 3) には、‘Date Chart’機能が附属する。これを利用すれば、‘decency’という語の用法の変遷からこのような社会的変化を確認することは、むしろ易しい。たとえば、限定的文脈で「ふさわしい」と訳すべき用例は、比較的古くから十九世紀まで分布するが、聖俗のとくに高位の地位にふさわしい、といった意味での用例は、十九世紀にはほとんど見られなくなる。むしろ、十八世紀から十九世紀にかけては‘respectable’と同義で用いられる傾向が顕著となり、二十世紀になると、口語的用法ではあるが、‘accomodating, pleasant’にさえなる。つまり、社会の選良であることが自明な人間範疇に主として妥当していたこの語は、究極的には、「人」つまりノーマルな市民《シティズン》のすべてに適用されるに至るのである。

身分社会であれば、誰かが「人」であるという指摘に積極的な意味はほとんどないのだから、考察してきたこれらの語の指示対象が現在のように収斂してきたのは、互いが対等の「人」すなわちシティズンであることが当然あるいは自明の前提となり、したがって、あえて意識される場合にはそれが当然の権利として意識されるような社会が実現したためである。だがこのとき同時に、すでに示唆したとおり、この前提の自明性を共有しない（できない）社会あるいは人間たちと、自らの社会あるいは自分たちが、無意識のうちに対置されていることを、けっして忘れまい。この自明性が意識されるときには、やはりすでに指摘したように、この対置構造自体も意識野に顕在化せざるをえないだろう。

かくして、産業先進地域で実現された平等主義的民主主義の市民《シティズン》社会における「人」、すなわち規範的市民《シティズン》とは、ただに‘civic’であるばかりでなく‘civil’でもあって、そのことを主たる内容とする‘decent life’を営んでいると思われる人、ということになる。筆者は、このような「人」像が自明性を備えて規範性を獲得したことを、文化現象としての近代の、重要な内容だと考える。

しかし、「シティズン(citizen)」という言葉でここまで表現してきたものは、じつは‘early modern’と呼ばれる英国[6]の十七世紀当時、かならずしもその言葉で独占的に表現されていたわけではない。当時この言葉はまだ、中世以来の都市自治を担った富裕特権層を指しえたし、また、労働しない階級としての貴族と区別して、商人たちをも指しえた。またスティーヴン・シェイピンが見事に示したように[7]、当時の英語では、ジェントルマンという語が、上は貴族から下はますます広く都市の富裕教養人層を取り込みつつ、用いられていた。これは、幾層もの身分に別れていた社会が、最終的には二つの層に編成しなおされるプロセスの進行を、反映している。ジェントルマンという語をめぐるこのあたりの事情について、シェイピンを引用しておこう。

In 1600 Wilson deplored the blurring of the gap between authentic gentlemen and rich yeomen, and early seventeenth-century courtesy books bemoaned the loss of traditional distnctions between gentlemen and citizens, while acknowledging the fact of new criteria: “Citizens in time past did not marry beyond their degrees, nor would a

Gentleman make affinitie with a Burgess: but wealth hath taught vs now another lessin; and the Gentleman is glad to make his younger sonne a tradsman, and match his best daughter with a rich Citizen for estate and liuing.”[8]

また、

By the 1640s, forms of address distinguishing the gentle and nongentle had audibly eroded. Many took to describing themselves as “gent.” or “master,”[9] ....

ところでこの当時、たとえばアンナ・ブライソンが指摘しているように、[10] いわゆる未開の人間社会が新大陸などに続々と発見されたことを契機として、‘civil’という言葉はすでに、ノルベルト・エリアスが用いたような意味での「文明化」としての‘civilization’、つまり「未開」の反対概念としての「文明化」の意味を、もち始めていた。先ほどのシェイピンの議論にこれを重ねたときに浮かび上がってくるのは、十七世紀後半のジェントルマンは、まさにこの意味でも‘civilization’の模範だったということである。シティズンという言葉がジェントルマンを取り込んでゆく背景的事情の一部に、新たに意識され始めた「開化 *vs.* 未開」という鮮烈な二項対立が尺度として優越性を得てゆくことがあったのは、間違いないだろう。

英語の散文は、十七世紀半ばから十八世紀にかけて、非常な変化を遂げる。その背景の一つに、イングランド革命にいたる世紀前半に政治性を帯びたパンフレットや新聞の原型といえそうなものが大量に流通して、ある意味では言語の社会的機能にあらたな次元が開けた、ということがある。その中で、たとえばジャーナリズムの文体と言えるものも現れ、じつに多様な書き方が見られるようになる。

世紀後半の王政復古時代になると、たしかにある種の洗練や方向性が生じ、たとえば王立協会に集ったほどの富裕な教養人たちのあいだでは、とりあえず、修辞学の訓練で教え込まれるようなキケロ風の‘periodic’な文体、つまり一番最後に強調点が来るように複雑に構文を仕組んだ、英語として不自然な文体を避ける、という程度の方向性はあったように感じられる。しかし、では、複雑な概念を用いた論理操作を正確に表現するための文体はどうあるべきか、といったことになると、規範的なものが成立していなかったのは明らかだろう。十七世紀英国の文化・文学の専門家は、誰もがこのことを知悉しているはずである。

ところが十八世紀になると、ケアリ・マッキントッシュがじつに説得的に示しているように、散文の規範化あるいは標準化が急速かつ過激に進行する。[11] 恥ずかしくない散文、つまり‘civilize’された‘civil’な人間が書くべき、今でいう‘decent’な英語散文であるためには語彙・語法・構文はかくあるべしという、いわば「望まれる英語像」がきわめて狭い幅の中に押し込められてゆき、そうした動きの中で、今日我々が知るような文法規範や語彙規範が成立してくるのだ。当時の文法書は、助言よりも指示というべきもので埋め尽くされており、それらを総称してマッキントッシュは、いみじくも‘prescriptive grammar’と呼んだ。これは、十七世紀に現れた多彩さ・簡素化・口語化とはまさに逆の方向である。

Loose, informal, and colloquial prose came under heavy fire in a prescriptive grammars, which after 1762 often included small anthologies of errors, solescisms, and infelicites as a warning.[12]

このような動きがどれほど急速かつラディカルに英語散文における 'decency' のありかたを変えていったかは、世紀の前半から中葉にかけての代表的な美文家たちさえ、世紀末には好ましくない散文の見本として批判されるまでに至ることを、マッキントッシュにならって指摘しておけば、十分だろう。

Anyone who feels that the grammarians were odd and isolated in their time ... should browse through R. G. Alston's ten volumes of bibliographies on the English language before 1800; ... the sense of a rapidly growing shared awareness of language in general, is almost overwhelming.[13]

また、

Not only did the numbers expand tremendously; the messages that grammars were sending to their readers changed: the grammars of the 1760s explicitly set out to correct errors and refine the expression of early eighteenth-century English prose. The very best writers between 1710 and 1740, Addison, Swift, Shaftesbury, Pope,

Prior, and Atterbury, are censured for faulty pronoun reference, lack of parallel structure, incorrect parts of speech, failures in agreement, and archaic strong verb forms.[14]

このような変化あるいは進化の総体の表面に見える方向性は、談話あるいは会話の言葉と書き言葉の厳密な分離、および言葉全般の上品化といったことだが、より深い次元においては、いわばウィンドウズＯＳが98からＭＥそしてＸＰに進化したにも似た変化が、起きていた。というのは、書き言葉としての散文が、いわば標準仕様において高機能化してゆくからである。端的な例をひとつあげれば、‘decent’な英語散文の標準仕様に、‘that’で始まる複雑な名詞節を文章の主語に用いることが加わっている。この構造は、複雑な抽象概念を用いた思考を表現するのに不可欠だったが、じつはあのジョンソン博士が、自ら執筆発行していた評論教養雑誌 The Rambler で盛んに用い、広めたものだった。当時、これを、“something extraordinary, a prodigy or monstrosity, a huge phenomenon”と表現した人があることを見ても、[15]この文体がどれほど奇異で不自然だったかが分かる。それが口語とはいわば異次元の世界であることについては、マッキントッシュが的確に指摘するとおりである。

Starting a sentence with a that noun clause requires planning, as does a periodic sentence; one has to have worked out in one's mind what the predicate for this subject will be even before launching the noun clause itself. I think also that this kind of noun clause is congenial with print culture partly because it embodies a proposition, in the logical sense.[16]

最後の部分の「命題を実体化する」（名詞節としてひとつのまとまりで表現する）という箇所が意味しているのは、複雑な概念を主語にした文章が書けるようになり、それが評論雑誌には好都合だった、ということに他ならない。この到達点から振り返るなら、ある意味で十七世紀後半はまだ、ずいぶんと素朴であり自由多彩だった。その素朴かつ自由多彩な状況が、たとえば、トマス・スプラットの『王立協会史』にある“preferring the language of Artezans, Countrymen, and Merchants, before that of Wits and Scholars”という有名な宣言が象徴するような方向性の現れという面をもつならば、さきにも示唆したところだが、たしかに十八世紀はそれを逆転したのである。

ここで、十七世紀後半の散文の例として、ジョン・ロックのそれを取り上げる。ロックを選ぶ理由は、思想家としての知名度の高さと散文家としての凡庸さの、落差にある。[17] 同時代でも、ミルトンやマーヴェルあるいはドライデンといった天才たちは、表現すべき内容に応じた文体をいわば創造していたが、[18] ロックは、複雑な概念を用いた思索を行いながらも、その作業を安定的かつ精密に表現できる言葉をもたなかった。彼の散文は‘periodic’な構造をあきらかに忌避しており、その意味では『王立協会史』的な自覚を感じさせるが、たんに談話的であるという程度を越えてはてしなく‘trailing’（簡単に言えば、非限定の関係詞と代名詞の氾濫によって、文章が芋蔓式に続いてゆく）[19] になる傾向が顕著である。そういったところに、当時の英語散文の標準仕様の水準の低さ、つまり教育と訓練で修得されるべきものの水準の低さが、見て取れるのだ。この点については、むしろ極度に‘periodic’な散文であれば、まさに教育と訓練のおかげで、必要に迫られればロックもそれを書きえたことを示せば、いわば逆からの証明となるだろう。引用するのは、マーヴェルの敵でもあったサミュエル・パーカーという、非国教徒迫害を説く国教会高位聖職者との模擬問答の最後を締めくくる問いかけである。

I desire him <i.e. Parker> to examine those <i.e. spirits> that be of the Church of England what spirit that is which sets him so zealously to stir up the magistrate to persecute all those who dissent from him in those opinions and ways of worship the public support whereof is to give him preferment?[20]

これが‘periodic’であるのは、人格的軽蔑の表現のためにもっとも強調したい‘preferment’という、それ自体がいわば強烈な悪臭を発する語を、文の末尾に置くことに成功しているからである。英語として不自然極まるこんな離れ業が、ラテン語教育に基づいた修辞法の訓練なくてして、可能だろうか。だが、ロックならずとも大学教育を受けた者ならば誰であれ、必要に迫られれば、すくなくとも原理的には、この種の散文を試みえたはずである（実際にうまくやれたかどうかは別として）。『王立協会史』的な散文がそうした文体の意識的否定であると言えるのは、そういう文化的文脈があるためなのだ。

同時代のよく知られた散文家をかいつまんで並べただけでも、すでに指摘したところだが、標準的な教育と訓練が提供する規範的背景など存在しなかったらしいことは、たちまちに分かるだろう。異様なまでに一貫して複雑でtrailingで、しかも（矛盾するようだが）きわめてperiodicな文体を貫いたミルトンがおり、目的に応じた文体を自在に駆使したマーヴェルがおり、ジャーナリズムの文体を駆使したバークンヘッドやニーダムや、誰もが知るドライデンがいたし、*Anatomy of Melancholy* のバートンもいた。多士済々というよりも、むしろ百鬼夜行あるいは百家争鳴とでもいうべき多彩さである。

本稿の観点から見てここで重要なのは、特段の才能も発揮すべき個性も持ちあわせない大部分の市民《シティズン》たちは、自らが書くべき散文のありかたについて、選択の不安を深めていたと推察されることである。次の時代に文法書が氾濫することが、その十分な状況証拠となる。そもそも、収拾のつかないような多様性自体が、市民社会《シティズン》へと向かう流れに背馳するものだ。この流れの先には資本主義による産業社会が位置することを思えば、十七世紀後半の原型的近代市民社会《シティズン》に、強力な規範の出現を促す一般状況の深まりを見ないわけにはゆかない。この観点に立てば、十八世紀文化に十七世紀文化の否定という面が見えるのは、不思議ではないのである。

したがって、マッキントッシュも強調していることだが、十八世紀における散文の過剰なまでの規範化は、もちろん印刷文化の成熟という背景的事情に由来する面があるにしても、社会全体で進行していた変化の一面だった。強力に規範化あるいは標準化されていったのは、散文だけではないのだ。

Ⅲ

英文学史では、十八世紀は、小説の世紀とも呼ばれる。だがじつは、*The Tattler* や *The Rambler* を代表とする評論雑誌もまた、大いに繁盛したのだった。これらの評論雑誌が満たした需用の何たるかは、このジャンルを論じたある論集の *Telling People What to Think*[(21)] というタイトルが、如実に示唆していよう。評論雑誌はいわゆる評論家人種の活躍の場だが、評論家が栄える社会は、現在の我が国やアメリカに照らしても直観されるごとく、社会の主要構成部分をもって任じる人々のあいだに、自分の意見や態度振る舞いへの不安がはびこっている社会である。

十七世紀から十八世紀の英国、なかんずくロンドンにおいては、「人」たらんとする人々が自らをそれに照らして可否判定すべき規範は、先にも触れたごとく、ジェントルマンというモデルに集約的に表現されていた。しかし、これもすでに指摘したとおり、じつはジェントルマンの概念自体が従来よりより広い範囲に妥当するようになっており、十八世紀にはシティズンとほとんど同義になってしまう。

こういった背景のもとに、たとえば、評論家人種の草分けとも言うべきアディスンは、いやしくもジェントルマンを名乗るほどの者は、毎日の朝食時に家族とともに自分（アディスン）の評論を読むべし、と傲慢に言ってのけるが、このジェントルマンは、貴族に近い印象をまったく与えない。[22] つまり、アディスンのごとき評論家に対する需用の内実は、このジェントルマン＝シティズンの、自分は何をどう考えるべきなのか、どう振る舞うべきなのかという不安、新しく獲得した社会的位置づけにふさわしい自分であるためにはどうあればいいのか、どうすればいいのかという不安だったのである。もう一度散文の問題に立ち戻れば、マッキントッシュが言う‘prescriptive grammar’は、‘telling people how to write’と言い換えることができるだろう。このときにすでに、ジェントルマン＝シティズン＝ピープルという等式が、成立しているのである。

この心理的事情をうかがわせてくれるのが、貴族のいない国・シティズンの国として始まってしまったアメリカの例である。アメリカに鉄道時代が訪れた十九世紀、多くの列車内マナー指南書がベストセラーになった。これは、今から見ればいささか異様で滑稽だが、当時のアメリカ市民《シティズン》たちは、対等な他人同士として長時間一つ列車に乗り合わせる事態に直面したとき、‘civil’な民つまりシティズンとして自らがどう振る舞うべきか、不安に駆られたのである。バブル期に塩月弥生子の『冠婚葬祭』がベストセラーになった事情を思わせるではないか。ブライソンが指摘しているように、マナーの問題では、人々の意識の中で「中央」として現れる場が重要であり、十七世紀のイングランドでは、それはロンドンあるいはそれに隣接するウェストミンスターの宮廷だった。ところが新世界にはそういうものがなく、視線は直接に指南書に向かわざるをえなかったのである。[23] イングランドあるいはロンドンでも、アメリカで列車内マナーについて誇張されたかたちで現れたのと同じ性質の不安が、さまざまな場面で人々を働かしていたと思われる。

建前としてみんなが平等である社会とは、実はみんなが、自分は脱落者ではないかという疑心暗鬼に陥りやすい社会でもある。平等を強調するほどに不安と競争心理がかき立てられるのは皮肉だが、これは万古不変の法則だろうし、アメリカ的メンタリティーの根底にも、厳然として横たわる。それに似たものが、early modern のロンドンを中心とするイングランドでは、アメリカのように市民社会《シティズン》全体にではなく、あらたに自分をジェントルマンあるいはシティズンの中に、つまりノーマルな「人」のうちに含めた、あるいは含めようとした人たちの世界に起きていた、と考えられる。指南書の氾濫という特異な現象が、その事情を語ってくれるのである。

Ⅳ

十七世紀後半のロンドンは、もちろん、ハーバーマスが、西欧の公共圏に最初に構造的変化が起きた場と名指したところである。[24] 彼の論への批判や修正や補足の主張はほとんど無数にあるし、彼の直観の基本的な有効性自体を否定する論者も、J. D. Downie のように、いないわけではない。[25] とはいえ全面的な否定者はそう多くはあるまいし、筆者自身も基本的な論点については肯定的である。だが、次のことだけは、補足しておきたい。すなわち、見知らぬ他人同士が、公的なことを含めて世界についての情報と議論を交わすことが新しい公共圏で可能になったのは、各人がそこでは‘civility’を鎧としてまとい、深い人格的接触をあらかじめ約束事として放棄したためなのである。[26] もちろんこれは、親密圏の成立とその重要性の増大という文化現象としても記述できるのであり、ハーバーマスの所論と、その点において接続する。(27)

プライドを傷つけ合わないためのこのメカニズムは、王立協会とジェントルマン社会という枠組みの中でシェイピンが見事に解明したところだが、ハーバーマスが直観した新しい公共圏も、したがって、同種の約束事に支えられていたと考えることができる。コーヒーハウスに集う人々の中核を成した、ほどほどに裕福なシティズンたちは、王立協会に集う最上級のシティズンたち、つまり本来の意味に近いジェントルマンたちとまだ完全には重なるわけではないが、程度こそ違え、同じ原理に立つ約束事、つまり、お互いの情報の言葉には原則として信用を与えつつ――つまりシェイピンがいう'truth-teller'であることをお互いに認め合いつつ――、その解釈や適用については議論しうる、という約束事に則って維持されていた、と考えることができる。

そうした、報告の言葉と議論の言葉は、たとえばコーヒーハウスにおいては、人の口で語られるものとしてばかりでなく、店内に置かれた新聞や評論雑誌の言葉というかたちでも、存在していた。ここで注意しておきたいのは、上記約束事には、お互いのいわゆるプライヴァシーには踏み込まないという、ある種の切り捨てが含まれることである。(28) 事実上は親密圏についての、次のようなブライソンの指摘は、まさにこの点についてのものである。

> ... the growth of a concept and experience of public social life in 'civil society' which was distinct from the private spheres of domestic relations or intimate friendship.(29)

こうした変化があってはじめて、'amiable'だが'intimate'ではない態度を規範とする人間関係が、成立する。アーレント風に言えば、お互いが「あらわれ」あっている古代都市国家共同体的な理想も、全員がいわば濃密な網の目に絡まれた村落的な人間関係の現実も、ここでは切り捨てられており、そのことによってこそ、社会は近代へと本格的に離陸できたということになるだろう。

このように見てくるならば、ハーバーマスが十七世紀から十八世紀にかけてのロンドンにその誕生と繁栄を直観した構造的に新しい公共圏について、それは本稿のI部で示したような意味での'civility'を身につけ、'decent'あるいは'respectable'と判定される「人」だけがプライヴァシーを切り離して参入できる場だった、と補足することができるだろう。十七世紀中葉以降のロンドンでは、上は王立協会から下はコーヒーハウスまで、このような性格の市民社会《シティズン》に参入しうる人々が大量に現れ、その社会的セクター全体を膨張させつつあったのだ。

見知らぬ者たち同士が作るその巨大社会の出現は、シェイピンが示したように、あるプロセスを経て公的な場に出てくる言葉に自動的に信用が供与されるシステムの成熟と、一体のことだった。一時非常な注目を集めたエイドリアン・ジョーンズの *The Nature of the Book* が説くところも、この文脈に置くことができるだろう。直接の知己ならぬ者たちの報告（情報）への安定した信用供与システムがなければ、精密な分業社会としての近代社会は成立すべくもない。そして、このシステムへの参加資格が、事実上、'civility'を主な内容とする'respectability'あるいは'decency'を所有することだったのである。

ロンドンを中心に十七世紀から十八世紀の英国社会に進行したこの変化は、それをエリアスに倣って「文明化」と呼ぼうが、[30]ミュシャンブレッドに倣って「近代化」と呼ぼうが、[31]指示対象は同じである。マッキントッシュが「誤解を恐れずに」と断ったうえで十八世紀における散文の変化を‘feminization’と呼んだのは、市民層《シティズン》における全般的上品化・繊細化の現れの一つとしてそれを性格づけるためだったが、そのような変化はまた、たとえばビーティの*Crime and the Courts in England 1660–1800*[32]など、‘law-enforcement’の歴史に徴しても、明らかである。社会から急激に肉体的残虐さの露出が消えてゆく現象にも、同じ流れが見て取れよう。なにしろ、十八世紀はじめにはまだ公開処刑が、ホガースの版画に見るごとく縁日的賑わいを見せていたにもかかわらず、「一八六六年から、処刑はおおむね秘密に行われるようになり、公開処刑は、ニューゲイトで一八六八年五月二六日に行われたものが最後である」。[33]

ところで、この変化においては、他人の心を思いやり他人の内面を考えようとすることも、急速に一般化する。それもまた「civil になること：civilization」の一面であり、市民《シティズン》社会の広がりの一側面といえよう。アダム・スミスの『道徳感情論』[34]を、その好例としてあげておきたい。身分が人間の本質的な貴賤の別に対応すると考えられている社会では、貴族が労働者の心を推し量ることに意味があるはずもなく、逆も同様である。『道徳感情論』のような、社会のありかたを心理的に考えようとする試みが意味をもつためには、社会というものは（ここで自明性をもって前提されている「人」は、もちろん、「ノーマルな人＝シティズン」である）、同じように働く心の持ち主たちが基本的には対等の資格で構成するものだという認識が一般化、さらには自明化していなくてはならない。だが、スミスを持ち出すまでもなく、十八世紀が小説の時代とも言われることを想起してもらえば、十分だろう。というのも、似たような人間同士がお互いの日常とその中での心のはたらきに、プライヴァシーの壁越しに関心を抱き合うところに、たんなる物語とは違った意味での小説が成立するのだから。

十七〜十八世紀のイングランドに端を発した市民《シティズン》社会化の流れの中では、あらゆる事柄が規範化・標準化されてゆく動きが加速し、それによって、生産と消費までをも含めた広い意味での社会交通が効率化し進展する。これらが、西欧型の文化であることを自明化しつつ（つまり、その特殊性が見えなくなることを伴いつつ）普及することが近代という文化現象の主たる内容であるならば、人々が、尺度や視点にはいろんなものがあってよい、あるいはむしろそうでなければならないという実感を抱き始めたとき、また、西洋的に文明化された「人」概念自体がノームとしての自明性を失うとき、文化現象としての近代は終わったことになりはしまいか。人類はモダンを克服できるのかと思っている。

注

（1）‘civic crown’という言葉が、この事情をよく表している。OED のこの項を参照されたい。

（2）この事情は、Collins の *Advanced Learners English Dictionary* を見れば、さらにはっきりする。この辞書に附属する CD (*Collins Cobuild on CD*) では、Collins の保有する膨大な英語コーパスを利用できる。

（3）社会が自らについて抱く自己像というえ考えかたは、Benedict Anderson, *Imagined Communities: Reflections on the Origin and Spread of Nationalism* (Verso, 1991) と Jürgen Habermas, *The Structural Transformation of the Public Sphere: An Inquiry into a*

Category of Bourgeois Society, tr. Thomas Burger with the assistance of Frederick Lawrence (The MIT Press, 1989) から着想を得た Charles Taylor によって、*Modern Social Imaginaries* (Duke University Press, 2004) で展開されており、筆者の脳裏にあるものもこれに近い。

(4) *Collins Cobuild on CD* より。

(5) C. T. Onions, *The Oxford Dictionary of English Etymology* (Clarendon Press, 1966).

(6) この言葉は苦渋の選択の結果であることを、記しておきたい。

(7) Steven Shapin, *A Social History of Truth: Civility and Science in Seventeenth-Century England* (The University Press of Chicago, 1994).

(8) Shapin, p. 58.

(9) *Ibid.*, p. 59.

(10) Anna Bryson, *From Courtesy To Civility: Changing Codes of Conduct in Early Modern England* (Clarendon Press, 1998).

(11) Carey McIntosh, *The Revolution of English Prose, 1700–1800: Style, Pliteness, and Print Culture* (Cambridge University Press, 1998).

(12) McIntosh, p. 28.

(13) *Ibid.*, p. 179.

(14) *Loc. cit.*

(15) McIntosh, p. 128.

(16) *Ibid.*, p. 128.

(17) といって、とくにひどいわけでは、もちろんない。ひどい例なら社会的地位の高い書き手からでも、いくらもあげられる。たとえば、王立協会関連でも Robert Boyle の文章は、アイルランド訛りがそのまま綴りに出がちだし、教養人のはずの高位聖職者でも、マーヴェルに論敵との喧嘩を買ってもらったヘリフォード主教の Herbert Croft の文章など、ほとんど正視に耐えない。

要するに散文の規範化が進んでいないため、個人の個性や才能や資質が、まだそのまま出てしまうのである。

(18) 個人的な力業としての複雑明快な散文は以前にもあり、たとえば Richard Hooker のそれを、顕著な例としてあげられよう。

(19) Mark Goldie ed., *Locke: Political Essays* (Cambridge University Press, 1997), p. 359 の “Draft B of Human Understanding” 抜粋には、このようにして一九行にも及ぶ一文がある。

(20) *Locke: Political Essays*, pp. 214–5.

(21) J. A. Downie and Thomas N. Corns eds., *Telling People What to Think: Early Eighteenth-Century Periodicals from* The Review *to* The Rambler (Frank Cass, 1993).

(22) *Telling People What to Think*, p. 7.

(23) Stephen L. Carter, *Civility: Manners, Morals, and the Etiquette of Democracy* (Basic Books, 1998). 著者は Yale 大学法学部の教授。

(24) 注3と重複するが、筆者が利用した英訳版をあげておく。Jürgen Habermas, *The Structural Transformation of the Public Sphere: An Inquiry into a Category of Bourgeois Society*, tr. Thomas Burger with the assistance of Frederick Lawrence (The MIT Press, 1989).

(25) J. A. Downie, “Public and Private: The Myth of the Bourgeois Public Sphere”, *A Concise Companion to the Restoration and Eighteenth Century*, ed. Cynthia Wall (Blackwell Publishing, 2005), pp. 58–79. なお、むしろ基本テーゼを肯定的に補足拡充するかたちの論集として、Craig Calhoun ed., *Herbermas and the Public Sphere* (The MIT Press, 1992) がある。

(26) もちろんこれは、ハーバーマスの議論においても、親密圏 (intimate sphere) の問題とからめて意識されている。Herbermas, *Structural Transformation*, p. 28 など。

(27) Taylor, *Modern Social Imaginaries* より（吉村訳）：「ハーバーマスが取り上げている第二の背景は、親密圏 (the intimate sphere) である。そこにわたしたちは、日常生活の、つまり家族とその情愛の世界の、第二の主たる構成要素の発達を、見るのだ。18世紀が進むにつれて、これは別種のプライバシーを要求する場となった。このプライバシーは、第二の種類の公、つまり公開性との関連において、定義される。家庭生活はますます親密圏に退いてゆき、外界から隠蔽されるようになる。規模の大きい家政 ('a large household' ここでは、従者や召使いも「家」に含める貴族たちのこと）なら、他の構成員たちからも隠蔽されるのだ。かくして家の構造は、家族たちのプライバシーを、外部者のみならず召使いたちからも、ますます隠すものとなってゆく」。この観点からは、イー・フー・トゥアン『個人空間の誕生――食卓・家屋・劇場・世界』（せりか書房、一九九三年）が貴重な示唆に富む。

(28) シェイピンの議論では、この点は明示的に主張されているわけではない。

(29) Bryson, pp. 221–22.
(30) ノルベルト・エリアス『文明化の過程』上・下（法政大学出版局、一九七七年）
(31) ロベール・ミュシャンブレッド『近代人の誕生』（筑摩書房、一九九二年）
(32) Beatty, *Crime and the Courts in England 1660–1800* (Princeton University Press, 1986).
(33) ジョン・ブリッグズ他著、吉村伸夫訳『社会と犯罪』（松柏社、二〇〇三年）, p. 246.
(34) Adam Smith, *Theory of Moral Sentiments* (Edingburgh, 1759).

四　アルカディアに佇む市民としてのマーヴェル

——"The Coronet"を糸口に——

奇妙なタイトルですが、これはいわば形而上詩のコンシートに相当するもので、複雑な話を三十分に詰めこみつつまとまり感を出すための精一杯の工夫です。とくに奇をてらったわけではありません。

さて、ご承知のとおり、パストラルという芸術ジャンルが本来的な生命力を保っていたのは、せいぜい十七世紀半ばまででした。ただしここでいうパストラルは、とくにチャールズ一世宮廷のマスク（masque: 仮面劇）をその頽廃の極みとする類のものですが、この類のパストラルは、そもそもは、スタンリー・スチュワートのいう"enclosed garden"に象徴されるような「閉じられた秩序世界」の無垢と安全を讃えるもの、あるいはその無垢と安全を作りだし保証している存在を讃えるものです。マーヴェルの抒情詩作品のほとんどは、そうした閉じられた秩序世界の意味と意義について、彼自らがその内側に身を置いて検討するプロセスを形にしたもの、具体的には〝そのコンヴェンション群を実際に用いて作品を書く形で行われた検討作業とその結果〟の表現だと、考えることができます。マーヴェルの抒情詩を meta-poetry として読んでマーヴェル批評史に一時代を画したロザリー・コリー (Rosalie Colie) の *My ecchoing song: Andrew Marvell's Poetry of Criticism* は、まさに彼女がこれに気づいたところから生まれています。

ところで、この発表の全体はおおまかに三つの部分に分かれます。最後の部分でマーヴェルの〝The Coronet〟を取り上げますが、そこに到るまでに次のような主張を行います。すなわち、ほとんどが広い意味でいま言ったパストラルに属するマーヴェルの抒情詩は、ボイルの科学的仕事やロックの哲学的仕事と同様に、十七世紀半ばのイングランドに姿を現しつつあった文化現象、すなわち後から見れば〝近代市民社会の文化〟と呼びうるものとの関連で説明できる面がある、ということ。また、この文化的ムーヴメントは、それを社会空間に走る鉱脈に喩えるとき、当時のさまざまな言説や社会的場面や人物の内面に、いわば露頭（outcrop）していたということ。さらには、ボイルやロックとならんでマーヴェルもまたその顕著な露頭点に数えられるべきだ、といったことです。そして、この現象の文化的メカニズムを理解するために、哲学者チャールズ・テイラーが大著 *Sources of the Self* で提唱した〝disengagement〟の概念を援用します。ただし同書は、近代という文化現象の中で近代的な自己（self）が成立してくる様を壮大なスケールで追跡・解明するものであって、ここでは一部を拝借するにすぎません。ちなみに、鉱脈だの露頭は私自身の語彙ですが、ほぼ同じ直観的把握を、たとえば Dror Wahrman は *The Making of the Modern Self* という本で〝cultural soundbox〟と表現していますし、テイラー自身も、さらには十八世紀を中心に見事なミドリング階層文化論を *The Middling Sort* で展開したマーガレット・ハント（Margaret Hunt）も、〝cultural resonance〟の概念を用いています。昔なら時代精神とでも言ったのでしょうが、その器では議論の精密化と洗練を盛れなくなった、ということころでしょう。

さて、第一の部分では、マーヴェルの抒情詩作品群に反映されていると私が考える、〝閉じられた秩序世界〟の破綻を論じます。まず確認しておきたいのは、閉じられた秩序世界としてのパストラル世界は、有神論的な（つまりtheistic な）宇宙ですが、とくにキリスト教的なそれは、神が世界創造時に定めおいた一貫した秩序そのものであって、森羅万象の逐一がその秩序の表現として定義される、ということです。この宇宙は典型的には、球体あるいは囲われた平面として表象され、その内側では、すべてが位置づけと意味あるいは意義をもちます。テイラーが援用しているハイデッガーの表現を用いれば、それは、存在論的ではなく存在者的な（つまり、英語では ontological ではなく ontic な）宇宙です。こうした宇宙は、ご承知のとおり、物理的宇宙を「ユニバース」として、「コスモス」と呼び分けられることがありますが、パストラル宇宙は、まさにこの意味でのコスモスです。ある時代までの西洋では、世界がこの意味でのコスモスであることは、自明でした。ところが十七世紀の半ばあたりから、といってももちろん次代の文化を先取りしている部分について言うのですが、世界のコスモス性は自明性を失い始めます。

つぎに確認しておきたいのは、芸術ジャンルとしてのパストラルが人々の心中におけるコスモス的宇宙のありようを反映するのは、いわば原理的に自明だということです。もちろん現実には、パウンドやエリオットがいう〝詩人の触覚つまりアンテナ〟の感度が問題ですが、原理自体は文学研究者なら先刻承知であるはずなので、そういうつもりで話しを進めます。

とはいえ、この変化の内実についてすこし言い添えれば、それは、〝閉じられた秩序宇宙に自分たちが在るということ〟の、日常では意識もされない自明性が、人びとの心において希薄化もしくは空洞化して、ついには失われる、ということです。マックス・ウェーバーがこれを‘disenchantment’、すなわち「魔法からの覚醒」と表現したことはよく知られていると思いますが、宇宙が魔法にかかっていたとき、つまり宇宙のコスモス性が自明であったときには、たとえばマクベスが王を殺すと、自然界全体が震撼して、異常現象が群発します。すべてが厳密に秩序のいわば鎖に繋がれ配置されてある宇宙では、その連鎖原理自体が揺さぶられると、ああいう事態が生じるわけです。コスモスとはそういうものであって、correspondence の原理に貫かれています。

さて、話しを本筋に戻せば、テイラーの *Sources of the Self* の第九章はロックを焦点としており、“Locke’s Punctual

Self」と題されています。訳せば「ロックの、点としての自己」ですが、ご承知のようにロックの徹底した経験論は、生得観念を認めません。ロックの考えでは、自己は存在論的エクステンションをもたないものとして、この世界に出現します。テイラーの「点としての自己」は、定番的表現である *tabula rasa* よりもさらにラディカルな、その表現です。もちろん、神による世界創造という了解が自明性を失ってゆく文化的プロセス自体は、いわゆる理神論の後までも続きますが、自己が、マクロコスモスに照応するミクロコスモスの卵としてではなく、数学的意味での点としてそこに出現するロックの宇宙は、すでに本質的にコスモス性を失っています。その自己は、快楽原則に則って機能する感情と、世界を観察し分析し推論する理性によって、世界像と自己像を作り上げるのです。

ということは、この自己はまた、どこまでも自らに責任をもち、そのことをもって定義される自律性 (autonomy) をもつ主体であり、その意味で自らを客体と位置づけてそれを責任をもってコントロールする力を備えた、理性としての主体であるといった、そういう自己です。ひとことで言えば、近代的自己の原型の一つが出現したわけですが、テイラーの議論自体は十七世紀のはるか以前から始まり、十八世紀を経てロマン主義さらにはヴィクトリア朝文化から現代へと続きます。西洋近代文化における自己のありようの源泉というか原型をいくつも発見しつつ、それらの本質と関連性を同定してゆく様は、あたかも変身し続ける妖怪を追いつめる壮大な追跡劇を見るごとくです。

さて、ロックがいう「自己」の像は、先に提示したような、典型的にはパストラルが象徴する有神論的世界とは、つまり〝コスモスの内側に自らが在ることを自明とする自己〟の像とは、まさに対蹠的 (antipodally) に異なります。もちろん、当時はまだ両者が並存しており、たとえばケンブリッジ・プラトニストたちにとっての人間の心は、外のマクロコスモスに照応する (correspond) 内なるミクロコスモスでしたし、理性や感情は、いわばコスモス秩序の受信装置でした。ロックの、〝道具的に分析し推論する装置としての理性〟、〝快楽苦痛原則が働く装置としての感情〟

とは、根底的に異なります。もちろん、未来に向けて優勢になってゆくのは、〝神の秩序を封じ込んだコスモスの一部でありみずからもそのコスモスである存在としての人間〟という考え方ではなく、ロックが象徴あるいは代表する考え方です。

ところで、ロックのこうした思想は単独かつ独創で現れたのではありませんが、これを言うのは、たとえばデカルトらの影響などという分かりきったことの確認ではありません。テイラーとともに私が確認しておきたいのは、私たちが近代と呼ぶ方向へ向けての文化の動きはヨーロッパにおいて普遍的だった、ということです。再び私自身の語彙を用いるならば、当時のいろいろな思想や事態は、最初に示唆したように、この変化の鉱脈のいわば露頭現象として理解されうるだろう、そしてマーヴェルもその一例と見られるだろう、ということです。テイラーは露頭という表現は用いませんが、事態の直観的把握は私のそれと同じだと思います。

お手元の資料には、テイラーの *Sources of the Self* の第九章冒頭を訳出してあります。そこで彼は、十七世紀当時、全ヨーロッパ的に軍隊などいたるところに、新しい規律・訓練のありかたが、つまり新しい人間観が広がり始めていたことを、じつに的確に指摘しています。人間観は世界観・宇宙観でもありますが、その変化の結果を実践している本人たちさえ意識できないほどに基盤的な変化を、彼は見ているということですね。ちなみに、この問題だけを焦点化して彼が近代文化の出現を論じているのが、*The Modern Social Imaginaries* です。彼の最新の著書である *A Secular Society* の第四章も同じタイトルですが、独立して読むことができるので、参考資料に挙げておきました。

さて、ここらあたりからが第二の部分ですが、まずは、新しいありようの自己が、古い宇宙の存在論的構造を破壊するメカニズムを、ミクロコスモスとマクロコスモスの照応という概念によって、あらためて整理しておきます。

宇宙がコスモスであることの自明性が揺らぐということは、その概念が客体化されてしまうということです。当然ながらそのとき、客体化する主体の理性的意識は自閉的秩序世界であるコスモスから外に出てしまっています。最初に触れたテイラーの“disengagement”はまさにこれを言うわけですね。私はこれを「切り離し」と訳しています。テイラーはデカルトをこの姿勢の一つの結節点としており、その淵源自体はさらにそれ以前にたどれることを示しつつ、最終的にはロックをこの姿勢の完成者とします。

ともあれ、この「切り離し」が起きると、理性としての主体はもはやコスモス秩序の一部ではなくなりますから、この主体にとっての宇宙は、コスモスではなくユニバースになってしまいます。そしてこのとき、マクロコスモスとミクロコスモスの照応原理によって、まったく同じ事態がミクロコスモスにも起きますから、主体は自分から外に出て自己を客体化しています。つまり、主体も、ミクロコスモスではなくなっています。どちらか一方がコスモスであることは原理的にありえないので、これは当然です。そして人間と宇宙の関係の、こうしたまさに本質的というしかない変化が、十七世紀半ばあたりにヨーロッパの至る所で見いだされ始めるのは、間違いのないところだと思われます。

テイラーにしても私にしてもここで強調したいことの一つは、この変化プロセスはとどめようもなく進行し普及する、ということです。なにしろ、十八世紀になりそして十八世紀が進行すると、もはやミクロコスモスとマクロコスモスの照応という考え方など、すくなくともその自明性は失われてしまうわけで、テイラーはその押しとどめがたさを表現するのに、一貫して“march”という軍事的イメージを用いています。さきほど紹介した *The Modern Social Imaginaries* では“long march”とさえ言いますが、中国共産党の長征でも連想されているのでしょうか。

ところで、本発表をこのような内容とした事情に、すこし触れます。英文学者としての私の関心の焦点は一貫して十七世紀イングランドでしたが、ご案内のように近年は、文化現象としての近代の成立という観点から十七〜十八世紀イングランドの社会文化を広くカバーする研究、たとえば Shapin や Adrian Johns らのエピステミックな観点からの研究や、文明化という観点からの Anna Bryson の研究など、めざましい成果がありました。私もこれらの研究を人並みにフォローしてきたつもりですが、じりじりと十八世紀研究に焦点が移ってきたようです。同時に、私はこの十年ばかり、政治理論あるいは政治哲学の分野に深入りして、社会と個人の問題を、近代市民社会とは何かという問題枠で考えてもきました。じつはそこでテイラーと出会ったわけですが、この問題を考えようとすると、どうしても十八世紀の英国社会に視線が導かれ、十七世紀はそれを準備したもの、といった見え方になります。私の中で二つの研究分野が重なった結果、ここまでのような発表内容となったのですが、本発表で論じる十七世紀は、十八世紀およびそれ以降から振り返って見えるものという性質が濃厚です。しかしそのこと自体を語る時間はないので、ここで言及するものとは別に、私が面白いと感じた研究の一部を資料にあげておきました。文学研究の分野でも、Lionel Trilling の *The Sincerity and Authenticity* など、近代的自己の問題を哲学的に扱ったもので見逃したくないのもあるので、それも加えてあります。

さて最後の部分ですが、"The Coronet" の議論を始める前に、コスモスとユニバースについて、しつこいようですが、いま一度確認しておきます。

世界がコスモスかユニヴァースかという問題は、じつは自己が soul か mind かという問題に、連動しています。哲学史的には前者から後者への切り替わりは十八世紀だとされるようですが、資料にもあげた *Naturalization of the Soul* での Martin と Barresi の言葉を借りれば「非物質的な魂 (soul) としての自己は、心 (mind) としての自己に取って代わられていった (the self as immaterial soul was replaced with the self as mind)」ということです。もちろん十七世紀にこの変化は始まっており、ロックがそのいわば象徴ですが、彼の生徒だった第三代シャフツベリ伯は、個々の人間が経験する個々の苦は宇宙の調和の一部として受け入れるという意味では、テイラーに言わせればほぼ古典ストア派でした。先生の否定という面があるわけですが、時代の哲学的あるいは思想的状況にはいろんな動きの並存や錯綜があることの、良い証拠でしょう。こうした時代文化の中に、マーヴェルはすでに示唆したように感度の高い触覚をもつ主体として生きており、先程来繰り返していることですが、典型的にはロックの理論が象徴するような文化的鉱脈の露頭点となった、と私は考えるわけです。もちろん彼ならではの結晶の仕方で露頭しているわけですが、彼の多からぬ抒情詩作品がまさに彼独自のこととして、〝閉じられた秩序世界の破綻〟つまり〝コスモス原理の破綻〟に満ちているという事実の説明としては、これがもっとも説得的だと考えます。

それで、やっと〝The Coronet〟ですが、じつは三十年以上も以前、自分が三十歳前後のときにも、当時の十七世紀英文学研究会関西支部の例会で、この詩について発表しています。そのときに主張したのは、この詩にはマーヴェルの自己検証とその結果の最終判断が表現されているということ、その判断とは、抒情詩人としてある自分の究極的否定である、という説でした。そうした説は当時他に誰も唱えておらず、それはいまも変わらないと思われますが、伝統との関わり方のいわばメタ性にマーヴェルの本質があるという思いを深めている現在、マーヴェル理解におけるこの詩の重要性は、当時より格段に大きく見えています。そして、現在の自分が理解するマーヴェルの本質を時代との関連において語るには、たとえば〝The Garden〟や草刈人ダモンのシリーズなどよりこの詩のほうが適切に思えるため、あえてあらためて取り上げる次第です。

さて、問題にしている類のパストラルの用い方としては、詩人が牧人という純真素朴さのいわば仮面を被って典型的には宮廷的世界の堕落を批判したり、逆にその批判の対象である宮廷的世界の内側にあって、そこを囲われた楽園として讃えたりするわけです。前者では言葉を出す主体は宮廷的世界の外にありますが、しかしコスモス秩序の外側にあるわけではありません。「草刈り人ダモン」のシリーズなどでは、自閉的秩序の場の良さの自明性がわかりやすい形で崩壊していますが、“The Coronet”はそう単純ではありません。

この詩の話者は、つい最近まで宮廷的世界、つまりダモンの片思いの相手ジュリアナのいる庭が象徴するような世界に、その良さを自明として生きていた詩人ですが、信仰に目覚めて過去を反省し、羊飼い的純真素朴さでキリストを讃える詩を書こうとします。そして、所詮詩人である自分は果実ではなく言葉という花しか提供できないが、これまではそれで編んだ花冠を羊飼い娘たちに贈っていたのをやめ、キリストの被る痛々しい棘の冠を掛け替えるために編むのだ、と意義づけます。けれども、いざ編んでみると、そこに蛇が編み込まれてしまったのに気づくのですね。蛇は名誉心や技への自負心、人間としての驕り高ぶりなどでしょうから、めざした純真素朴な感謝の表現からその否定であるものを排除できなかったことになります。それで、こんな事しかできないのならいっそのこと、というわけで、この蛇をたったひとり本当に征服できるキリストにたいして、花冠ごと踏みつぶしてしまってください、と願うわけです。パストラルを書くことの否定、抒情詩人として自分があることの否定、そしてcurious frameは珍らかな作品であると同時に、そういう始末の悪い心をもつ人間でもありますから、その放棄あるいは否定の宣言ですね。幾重もの自己否定が、ここにはあるわけです。

“The Coronet”の内容は簡単にはこうしたものですが、このタイプのパストラルはNature vs. Artという古典的テーマをもつとも言えるわけで、その観点から見ると、小さくて一見素朴な姿をもつ詩に尋常ならず凝った作りが与えられていることが、重大な意味を帯びます。時間がないのでスキャンも翻訳もしませんが、ライムスキームやリズムといった要素を丁寧に点検すると、この詩全体に何本かのいわばストリングが通っており、それらがすこしずつずらされていることが、分かります。つまり花で冠を編む行為が言葉の扱いに再現されていますから、この作品は純真素朴どころか、究極的なその裏切り、つまりnatureどころか、対極であるartの結晶です。それは詩人自らが言うとおりであって、蛇が編み込まれてしまったと嘆く彼は、この絶望的皮肉に気づいたからこそ、いっそ全部を放棄するしかない、と悟るのです。したがって、メタポエトリとしてのこの詩のメッセージは、これがパストラルの本質だ、あるいは抒情詩というものの本質だ、それどころか人間の本質だ、というものです。

ここまでの解釈にはあまり異論もないでしょうが、私は、この詩人は、一旦は明言した抒情詩の放棄をそっと取り消す、と考えます。頭は飾れなくとも、せめてこれを踏みつぶすおみ足を飾らせて欲しい、という最後の二行は、詩作自体の取り消し、いわゆるパリノードのさらに取り消しに違いない、と考えます。直前のパンクチュエーションについての議論もありますが、当時はまだそれが読みかたを絶対的に拘束するわけではありません。だからこそ、現代の読者を意識すれば、論者は自分の読み方に即したパンクチュエーションを提案すべきだとも言えるならば、私の場合、詩人は最後の最後まで本当に抒情詩を放棄するつもりでいて、いったんそう言い切ると考えますから、定本であるマーゴリアス版のとおり、そこはピリオドつまりフルストップにしておこうと思います。詩人は放棄すると言いきりますが、言い切った途端に、絶対に詩作を放棄できない自分に、直面するわけですね。だから、微妙なタイムラグがあって、そっと自己欺瞞をやってしまいます。

結局のところ彼は、おみ足なりと飾らせてくださいというエクスキュースを入れて、自分の作品に、したがって抒情詩を書くことに、価値を復活させるわけです。三十年あまり前の私は、後半生のマーヴェルの生き方と整合しうる解釈はこれしかないと直観していましたし、それは今も同じです。しかし当時の私は、直観だけは鮮烈ながら、それを時代文化の文脈に適切・的確に位置づけられませんでした。この年齢になってやっと、先ほど説明した「切り離し」という概念を援用しつつ、それをしているわけです。

この詩人は基本的にはマーヴェルの投影でしょうが、理性主体としてのマーヴェルは自分を客体として徹底的に切り離して見ており、その姿勢において、自己が蛇を抱えることの確認をドラマ化しているのだと思われます。つまり、生身の彼自身においては、やはりパストラルが代表あるいは象徴する抒情詩を放棄することになるわけです。放棄できない詩人と理性主体としての自分とを切り離す、ということですね。抒情詩を書き続けることは自己欺瞞を続けることに他ならないという検証を、彼はこの詩で終えたのだ、そして同時にアルカディアとしてのアップルトンを捨てる心も決まったのだ、というのが、現在の私の考えです。

この考えが正しいとすればこの作品は、art というもの、そして叙情詩人というもの、さらに言えば人間とはどういうものであるかを、マーヴェルがパストラル世界の内側に身を置き、実際に見事な art を駆使したシミュレーションで検討したもの、つまり究極的メタポエトリともいうべきものになります。マーヴェルという理性的行為主体そのものは、さきほど申し上げた原理でパストラルのコスモスの外側に出てしまっており、すでに彼にとってその世界は本来的な意味でのコスモスではなくなっている、ということです。

マーヴェルの叙情詩作品のほとんどの製作年代は、決定的な証拠など無くて所詮は分からないのですが、通説でもあれば私の理解でもあるところにしたがって申せば、閉じられたコスモスバブルだったフェアファクス男爵の隠棲所アップルトンで抒情詩作品群を書き終えた彼は、そこからロンドンの政治世界という、コスモスならぬユニバースへと出て行きます。彼にとって、閉じられた秩序世界としてのパストラルや抒情詩の世界は、官能的・審美的にはよほど魅力的だったのでしょうね。しかし、それは宇宙あるいは世界のありようとしてはもはや自分にとって説得力をもたないという事実に直面して、あのようにほとんど強迫観念に駆られるようにその破綻をテーマとし続けたのだろう、と私は考えます。

この説についてあげられる状況証拠は、アップルトン以降の彼の活動は、彼がコスモス的世界感覚を完全に封印したことを強く示唆する、ということです。彼が後半生を反宮廷派下院議員として暮らした世界は、シャフツベリやロックの世界であり、ハーバーマス描くところの新しい公共圏の世界でもあります。それはまた、王立協会の世界であり、シェイピンやジョンズが描く世界でもあります。そこでの彼の活躍ぶりはいまではよく知られていると思いますが、それも含めて、彼にはたくさん、封印や自己統御という概念を導入してはじめて理解できることがあります。異様なほどに知られない私生活もそうですが、思いがけないことをひとつあげれば、彼の散文の特異さがあります。ドライデンやミルトン、あるいはニーダムでもバーケンヘッドでも良いのですが、著名な散文家たちが一見してそれと知られる特徴的文体を一貫して用いたのに対して、彼ばかりは、ブラッドブルックが"metaphysical prose"と評した*The Rehearsal Transpros'd* の文体から *The Growth of Popery* のジャーナリズムの文体まで、きわめて見事という共通点しかない多彩な文体を駆使しています。このほとんど原理レベルでの異様さに、自説の傍証として、最後にすこし触れておきます。

この種の異様さは、器用さだの多才さだのでは説明できません。じつはマーヴェルに取り組みだした当初から私は、奇妙でほとんどパセティックな、じつにぎこちなくて強迫的な自己統御性としか呼びようのないものを、彼に感じ続けており、それが彼の本質に直結していることを直観していました。この、〝マーヴェルにおいては主体である自己が異様なまでに観察と操作の対象になっている〟という直観、つまり自己がほとんど過剰に客体になっているという直観が、ある意味では私をマーヴェル論に執着させてきたものです。したがってテイラーが私を惹きつけたのは、すでに触れましたが、自己と世界を徹底的に客体化し主体としての自らに責任を持つ理性としての自己、自律的で自己をコントロールする力をもつ理性としての自己がこの時代に現れてくる、という彼の議論です。テイラーはあくまで近代的自己の成立を論じているのですが、彼の提示する人間像は、近代市民社会の成立という問題枠で見た場合まぎれもなく、〝ユニヴァースとなった社会に成立する開かれた政治的公共圏の中で政治参加する自律的個人〟という近代的市民像の源泉の一つです。そして私が言いたいのは、マーヴェルはこの意味での市民に決定的になってしまった部分を、ぎこちなく抱えていたのだろう、ということです。

私の説では、その抱えてしまったもののために結局彼は、コスモスを放棄してユニバースを選択せざるをえなかったのですが、先ほども言ったように旧来のコスモス的パストラル世界が、官能的あるいは美意識的にはほんとうに好きだったに違いないので、自分が帯びてしまった、ぎこちない近代的市民性と呼ぶほかないものは、本人には、やはり病あるいは呪詛のようなものとしてあったでしょう。彼は、鋭敏なアンテナがピックアップしてしまった市民性がかなり育った状態で、ということは深まり続ける葛藤を抱えて、あえてコスモスバブルとしてのアップルトンに入ったと思われますが、この意味での市民は、どれほどに文学的アルカディアが象徴するコスモスが好きだったにしても、もはや自己像としても宇宙像としても欺瞞でしかないそこに閉じこもってはいられません。その決断直前の彼を、私は、図像的に本発表のタイトルにしたのでした。

マーヴェルは、現実の地理としてのアップルトンからは出られても、またパストラルや抒情詩一般を書く行為は放棄できても、心の中のいわばアルカディアが消滅するはずはないので、ふたたびそれに自己が取り込まれないためには、意志力をもってそれを封印するしかなかったはずです。つまりアップルトンを出るときに彼の内と外とはくるりと反転し、今度は内にアルカディアを抱く市民になる、ということです。そういうふうに彼は後半生を生きたのではないか、たとえば後半生の彼のじつに奇妙で頑固な潔癖性などはこのように説明できる面があるのではないか、ということです。

これで発表を終わります。まずは詰め込みすぎをお詫びし、そしてご静聴に感謝申し上げます。ありがとうございました。

註

（1）*OED* で'ontic'を引くと、これが今世紀に出てきた言葉であることが分かるが、ハイデッガーの、ontology は being に関わり、ontic は entity に関わる、という言葉が（もちろん英訳だが）例文にあげられている。

（2）ここでは、彼らの〝自然科学〟についてのカッシーラーの次のような言葉が、適切だろう。「自然科学的精神の時代にあって、放逸な奇跡信仰が再びよみがえる。思弁と想像は再び事実を思いどおりに処理し、そして事実はそれらの目的のために使われる。……宗教の領域では、いたるところで「理性」の絶対的特権を支持したケンブリッジ学派は、自然の説明にとりくむだんになるとこの理性を放棄し裏切るとい奇妙な現象が生じる。彼らは宗教においては合理的であったが、自然学においては神秘的、カバラ的となった。」―エルンスト・カッシーラー『英国のプラトン・ルネッサンス』（工作社）p. 131.

（3）ただしこれは理神論とともにかなり微妙な問題であって、"the great chain of being"という概念自体は、そのもっとも俗化した"The wonderful Gradation in the Scale of Beings"というかたちで、むしろ十八世紀にもっとも広汎に普及した。Quoted in Dror Wahman, *The Making of the Modern Self*, p. 131.

会場での配付資料
「アルカディアに佇む市民としてのマーヴェル」

◎作品

The Coronet

When for the Thorns with which I long, too long,
With many a piercing wound,
My Saviours head have crown'd,
I seek with Garlands to redress that Wrong:
Through every Garden, every Mead,
I gather flow'rs (my fruits are only flow'rs)
Dismantling all the fragrant Towers
That once adorn'd my Shepherdesses head.
And now when I have summ'd up all my store,
Thinking (so I my self deceive)
So rich a Chaplet thence to weave
As never yet the king of Glory wore:

Alas I find the Serpent old
That, twining in his speckled breast,
About the flow'rs disguis'd does fold.
With wreaths of Fame and Interest.
Ah, foolish Man, that would'st debase with them,
And mortal Glory, Heavens Diadem !
But thou who only could'st the Serpent tame,
Either his slipp'ry knots at once untie,
And disintangle all his winding Snare:
Or shatter too with him my curious frame:
And let these wither, so that he may die,
Though set with Skill and chosen out with Care.
That they, while Thou on both their Spoils dost tread,
May crown thy Feet, that could not crown thy Head.

—from H. M. Margoliouth ed., *The Poems and Letters of Andrew Marvell* (Clarendon Press, 1971).

（訳）

あまりに長い　長いあいだ　あがない主のみかしらに
　いばらで　数多のつらい
　　刺傷を冠せていたあやまちを
花冠に換えてつぐなうつもりで　私は
　あらゆる庭　あらゆる牧場から
花を集めた（私の実りは花でしかないゆえに）
　香り高い花茎の頂きを摘みとったが、それは
かつては私の恋人の羊飼い娘の頭を飾っていたもの
そして集めたすべてを今まとめ終え
　どんな栄ある王もかぶったことがないような
　見事な冠を編もうと（それほどに自分を
欺いていたのだ）したのに
　ああ　あの昔なじみの蛇がそこにいるのだ
　斑紋のある胸でまきついて
　名声と利益によじれ　花にまぎれて
　とぐろを巻いている
ああ　人間は愚かなものよ　天の王冠をそのようなもの
はかない栄光などで汚そうとするとは
この蛇をただひとり取り鎮められるお方　あなたさま

どうかこの捉えがたいとぐろを今すぐほどいて
こ奴のよじれくねった罠をお解き下さい　さもなくば
このめずらかな私の作品［不遜な私］もともに踏みしだいて下さいませ
心をこめて選びぬき術を尽くして編んだものではありますが
こ奴を死なせるためとあれば　花もしおれるにまかせて下さい
みかしらの冠にはなれませんでしたが　せめてそうして頂けるなら
双方の不実の成果を踏みつけられるとき　おみ足なりと飾れましょうから

——吉村伸夫訳『マーヴェル詩集　英語詩全訳』（山口書店、一九八九年）より

◎議論の流れ（言葉と概念）

パストラル、メタポエトリ、マーヴェルの叙情詩作品群、ボイルとロック、近代市民社会文化および“middling sort”文化とその露頭（outcrop）現象、“disengagement”の概念、“cultural sound box”あるいは“cultural resonnance”の概念。

有神論的（theistic）宇宙、「閉じられた秩序世界」とその破綻、「球体あるいは囲われた平面」のイメージ、ハイデッガーの「存在論的（ontological）」と「存在者的（ontic）」の概念、「コスモス」と「ユニヴァース」の使い分

け、コスモスとしてのパストラル宇宙、世界のコスモス性の自明性の衰退と消失、パウンドとエリオットの「詩人のアンテナ（触覚）」という概念、ジャンルとしてのパストラルとコスモス宇宙の照応、ウェーバーの「世界の魔法からの覚醒（disenchantment）」、「存在の大いなる連鎖」の概念ロックの'punctual self'、自らを客体化し制御する主体としての「自己」とその自律性、マクロコスモスとミクロコスモスの照応。

コスモス宇宙の破壊メカニズム、"disengagement（切り離し）"の概念詳説、「自明性」の消失、「コスモス」から「ユニヴァース」へのとどめようのない変化、魂（soul）から心（mind）への変化、ふたたびロック。

なぜ「コロネット」か、パストラルの用い方、牧人という話者について、マーヴェルと文学伝統との関係の本質、一応の解釈と「幾重もの自己否定」の確認、"Nature vs. Art"の伝統、絡み合うstrings、メタポエトリとしてのメッセージ、決定的自己欺瞞、マーヴェルの「切り離し」、コンヴェンション実践によるシミュレーション、官能的・審美的性向（たとえば"The Fair Singer"）と市民性の軋轢そして前者の否定と封印、マーヴェルの散文、宿痾あるいは呪詛としての近代市民性、アップルトン放棄と叙情詩放棄そして後半生の生き方。

◎「点としての自己 (punctual self)」の概念

Charles Taylor, Sources of the Self: *The Making of the Modern Identity* (Harvard University Press, 1992) 第九章第一節より、発表者による邦訳。

デカルトの〈対象から〉切り離された行為主体は、合理的手続き〈方法。以下同じ〉と同じく、たんに彼特有の概念なのではない。近代思想のなかで彼の二元論にたいして現れたあらゆる挑戦と不同意にもかかわらず、彼は切り離しという考え方を芯に据えることで、近代という時代に現れた最重要の展開の一つを分節化〈＝分明に概念化・語彙化。以下同じ〉したのである。最近の研究によって十六世紀末から十七世紀初期にかけてユストゥス・リプシウスの関わる「新ストア派」とおおまかに呼ばれる考え方が非常に重要だったことが明らかになったが、フランスではこれにギョーム・ド・ヴェールが関わっていた。呼称が示唆するとおり、これらの思想家たちは古典ストア派から影響を受けたが、重要な相違点も多くある。相違点のうちには、肉体と魂の二元論のみならず、自己掌握という模範をますます強調することも含まれるが、それが、道具的統御を模範とするデカルト的変化の下地となるのである。

より意味深いことに新ストア派は、政治的・軍事的エリートたちのあいだに見られた、非常に多くの領域で新たな形の規律をより広汎かつ厳格に適用しようという運動と、一体のものだった。もちろん、まずは軍事においてオレンジ公ウィリアムの諸改革にこれを見ることができるが、それはスペインに対するオランダの反乱で、世界史的重要性をもつことになった。それにとどまらず、後には民間行政の多様な局面でも重要となり、

「絶対主義」国家の新たな野望と能力が増大するとともに、その重要性も、交易や労働や健康状態や道徳観、それどころか信仰行為の定型面においてさえ、増大していった。多くの制度・組織――軍隊、病院、学校、労役施設――を通じてこれらの新たな規律のあり方が広がっていったありさまは、ミッシェル・フーコーによって、いささか一面的ではあるが、『監獄の誕生――監視と処罰』の中で跡づけられている。この一種の星雲状存在――新しい哲学、管理と軍隊組織の手続き、統治の精神、そして規律の手続きの全体に一貫して見出されるのは、方法論的で規律づけられた行動によって自らを作り直す力をもつ行為主体という、展開途上の理想である。これが要求するのは、所与のものとして自らに備わる諸々の属性や欲望や傾向、さらには思考や感情の習慣に対して道具的態度をとる力だが、なぜかといえば、それらを操作対象として一部は放棄し一部は強化することによって、望みどおりの性能細目を達成するためなのだ。私としては、切り離された主体というデカルト描くところの像は、こうした全体の動きにもっとも馴染むような行為主体の理解を分節化したものだということ、またそのことが彼の世紀とそれ以降にそれが甚大な影響をもつことになる基盤の一部だということを、示唆しておきたい。

切り離しと合理的統御を備える主体は、すでにお馴染みの近代的人間像である。それは私たちが自らを構築する方法の一つになったとさえ言えそうなものであり、むしろそれを脱することのほうが難しい。それは、私たちの時代が逃れえない内側性の感覚〈了解〉の一側面なのだ。ロックからその影響を受けた啓蒙時代の思想家たちを経由して成熟したかたちになってゆくにつれ、それは、私が「点としての」自己と呼ぼうとするものになってゆく。

◎文献リスト

（研究文献のみ。マーヴェル研究関連は言及対象以外省略。脚注形式で示す）

1. 発表内で言及されるもの

M. C. Bradbrook and M. G. Lloyd Thomas, *Andrew Marvell* (Cambridge University Press, 1961).

Anna Bryson, *From Courtesy to Civility: Changing Codes of Conduct in Early Modern England* (Clarendon Press, 1998).

Rosalie Colie, *"My ecchoing song": Andrew Marvell's Poetry of Criticism* (Princeton University Press, 1970).

Jurgen Herbermas, *The Structural Transformation of Public Sphere*. tr. Thomas Burger with the assistance of Frederick Lawrence (The MIT Press, 1989).

Margaret R. Hunt, *The Middling Sort: Commerce, Gender, and the Family in England 1689–1780* (University of California Press, 1996).

Adrian Johns, *The Nature of the Book. Print and Knowledge in the Making* (The University of Chicago Press, 1998).

Raymond Martin and John Barresi, *Naturalization of the Soul. Self and Personal Identity in the Eighteenth Century* (Routledge, 2000).

Steven Shapin, *A Social History of Truth: Civility and Science in Seventeenth-Century England* (The University Press of Chicago, 1994).

Stanley Stewart, *Enclosed Garden: The Tradition and Image in Seventeenth-Century Poetry* (University of Wisconsin Press, 1966).

Charles Taylor, *Sources of the Self. The Making of the Modern Identity* (Harvard University Press, 1989)

Taylor, *The Modern Social Imaginaries* (Duke University Press, 2004).

Taylor, *A secular Age* (The Belknap Press of Harvard University Press, 2007).

Lionel Triling, The Sincerity and Authenticity (Harvard University Press, 1972).

Dror Wahrman, *The Making of the Modern Self: Identitiy and Culture in Eighteenth-Century England* (Yale University Press, 2004).

Wahrman, *Imagining the Middle Class* (Cambridge University Press, 1995).

マルティン・ハイデッガー著、原佑・渡辺二郎訳『存在と時間』（中公クラシックス、二〇〇三年）.
マックス・ウェーバー著、内田芳明訳『古代ユダヤ教』（みすず書房、一九八五年）.

2. その他（十八世紀と「自己」関連）

Richard C. Allen, *David Hartley on Human Nature* (State University of New York Press, 1999).
Vic Gatrell, *The City of Laughter. Sex and Satire in Eighteenth-Century London* (Walker & Company, 2006).
Gatrell, *The Hanging Tree. Excution and the English People1770–1868* (Oxford University Press, 1994).
Marcel Gauchet, *The Disenchantment of the World. A Political History of Religion*, tr. Oscar Burge (Princeton University Press, 1997).
Don Herzog, *Poisoning the Minds of the Lower Orders* (Princeton University Press, 1998).
Lawrence James, *The Middle Class. A History* (Little, Brown, 2006).
Arthur O. Lovejoy, *The Great Chain of Being* (Harvard University Press, 1933).
Raymond Martin and John Barresi, *The Rise and Fall of Soul and Self. An Intellectual History of Personal Identity* (Columbia University Press, 2006).
Carey McIntosh, *The Progress of English Prose, 1700–1800: Style, Politeness, and Print Culture* (Cambridge University Press, 1998).
Richard Sorabji, *Self. Ancient and Modern Insights about Individuality, Life, and Death* (The University of Chicago Press, 2006).
Cynthia Wall ed., *The Concise Companion to the Restoration and Eighteenth Century* (Blackwell Publishing, 2005).

*とくに Rachel Crawford の論文（‘sublime’ の概念が最後はキッチンガーデンに適用されるようになるという、じつに面白いプロセスを辿っている）.

吉村伸夫「文化現象としての近代――英国の場合　civility の概念から見えるもの――」『十七世紀英文学と戦争』（金星堂、二〇〇六年）.

五　Civil と civic のあいだ
——あらためて近代を考える——

今日の僕の発表は、「civil と civic のあいだ——あらためて近代を考える——」と題されています。おそらく多くの方は、いま言及した招待発表につながる内容だろうと思われたでしょうが、かならずしもそうではありません。といっても、もちろん僕の中ではつながっているのですが、議論の系譜といったようなことからすると、今日の話しに直結するのはむしろ、一昨年に十七世紀英文学会から出た『十七世紀英文学と戦争』に収録されている僕の論文、「文化現象としての近代　英国の場合——civility の概念から見えるもの」のほうです。そして、じつはあの論文は、二〇〇二年に日本西洋史学会西日本支部に要請されて島根大学で行った一種の招待発表を出発点としていますから、本日の僕の話の内容は、ここ七、八年にわたる僕の知的好奇心のありようが、現在只今どういうところにたどり着いているのかについてのご報告、といった趣きのものです。そういうものですから、僕がこれまでにここで行ってきた発表のような、そして発表というと普通に予想されるであろうような、問題を狭く絞り込んだうえでそれを具体的な作品に即して論じる、といったかたちにはなっていません。そのことをまずお断りしておこうと思います。

ところで、あの招待発表は、最初に考えていたかたちでは、後半部分、つまりマーヴェルの“TheCoronet”を扱う部分は、ありませんでした。その代わりに、今日の話しの内容に近いこと、つまり、citizen にちなむ言葉のうち、

civic というよりむしろ civil のほうについて、論じるつもりでいたのです。それをああいう風に変更した事情について、まずはすこしだけ説明させてください。

招待発表の打診は八月初めだったと思いますが、正式依頼は十月直前でした。それで、この件は立ち消えになったのかと勝手に希望的観測をしていましたが、まったく放置していたわけではなく、いい機会だから考えをまとめておこうという程度の気持ちで、原稿を書いてはいました。しかし、なにしろ緩んだ気持ちで書いていましたから、正式依頼を受けて読み返してみると、まさに書き散らしで、しかも、読むのに二時間ほどもかかりそうでした。さらにまずいと思ったのはマーヴェルが出てこないことで、僕の名前をプログラムで見てわざわざ聴きに来て下さる方々にとって、これは、王将に入ってみると餃子がなかったというのに近いだろう、と直観しました。

じつを言えばこの四、五年、僕とマーヴェルのおつき合い、というより一般的な意味での英文学とのおつき合い自体がかなり希薄になっていて、研究者としての僕が読んだり書いたりしてきた分野は、おおむね哲学や政治哲学、そして歴史学や文化理論あるいは社会学などです。何とかしなくてはいけないのですが、日本英文学会事務局から正式通知があったその時点で、梗概の提出締め切りまで一ヶ月を切っていました。僕は不器用なので、とりあえず梗概を書いて送り、あとから原稿を書く、などということはできません。それで、マーヴェルをどう発表に組み込もうかと考えるのですが、どうにもいいアイデアが浮かばないのです。焦りました。

ところがある日、歩いて帰宅中に、ほんとうに突然、"The Coronet"が、自分がずっと考えてきた近代市民社会論の結節点になりうる、と気づきました。同時に、どういった事柄をどう配置してどう話すべきかの、いわば発表の設計図も得ていましたから、ひと安心ということになるのですが、それでふと思い出したのは、じつは三十年ほども以前に僕は、当時の十七世紀英文学研究会関西支部の例会で、とはいっても場所はこのＹＭＣＡ会館ではなく、梅田太融寺のグリーンビルの一室でのことで、そこには亡くなられた黒田健次郎先生や藤井治彦先生もおられましたが、まさにこの学会のこの支部の例会で、"The Coronet" について発表をしたことがある、ということです。それは、僕にはとても重要な転機になった発表でしたから、内容は今でもきわめて鮮明に、覚えていますし、その発表のあとでは、当時の例会後のいわば慣例として、黒田先生、杉本先生、岸本先生と一緒に、深夜まで飲み歩きました。じつに不思議で、そして懐かしく思い出されます。

それはさておき、じつは本日の発表の伏線にもなるのですが、いましがた触れたように、僕があの招待発表の中身をほぼ完成した形でいきなり、いわば棚ぼた的に得たのは、ポランニーのいう暗黙知の働きの、ある種の典型例だろうと思われます。通俗的にはインスピレーション経験でしょうが、たいしたものでなくても僕にはそれがよく起きるので、ポランニーの言っていることはとてもよく分かりますし、近いところでは五年前にも、文化をどう定義するかという問題を抱えて長いあいだ考えあぐねていたときにも、それが起きました。普遍的に有効な「文化」の定義が、やはり帰宅途中に、いきなり頭の中に浮かんだのです。これは本当に衝撃的で、立ちすくんでしまいました。

なぜ特定の発表の構造や概念の定義がそういう内容で思いつかれたのか、後からよく考えると、もちろん説明はつきます。しかし本来ならばかなりの時間を費やした思惟の結果であるはずのものが、ほぼ完成されたかたちでいきなり頭の中に出てくるので、じつに有り難いとはいいながら一種の被雷体験ですね。それで思わず立ち止まってしまいますが、消えるなよと念じながら急いで帰宅して、書き留めることになります。こういった体験は、ある程度はどなたもお持ちかと思いますが、これがなぜ伏線になるというと、今日は、近代と、セルフつまり自己の成立の関係について、お話しする予定だからです。

さて、五月の招待発表の場合、"The Coronet" が結節点として選ばれるに至った知的背景とか文脈といったものは、直接には、あの発表の場で配布した資料にあげた一群の文献が示すとおりです。自分が読んでもいないことを自分が知っていたり考えの材料にしたりできないのは当たり前ですが、いかにも不思議なのは、こうしてお話ししている僕はけっして記憶力が良くない、いわば「読んだ、分かった、忘れた」といった類の人間ですから、とてもあいった大量の文献のいちいちについて、ここで詳しくご紹介したりはできないにもかかわらず、あたかもそれらのすくなくとも論理や考え方を消化できていないと不可能であるような概念や発想をいきなり得たりする、という事実です。

これについては、よく言われるように、アルツハイマーや認知症といった病的状態ならばともかく、じつはいったん読んだり理解したことを完全に忘れたり失ったりするなどということは人間には不可能だ、と考えるべきなのでしょう。つまり、いったん読んで理解した内容は、やはり何らかのかたちで自分の中に、いわば消化吸収されて栄養素となった形で潜んでいるのだろうと思います。それに加えて、僕の場合にはすこし特殊事情があって、その時点ですでに三年ほども、チャールズ・テイラーの大著『自己をつくるもの（*Sources of the Self*）』の翻訳を続けていました。現時点では見直しも終わりかけているのですが、ともあれここ数年の間、僕が何を読んでも、全てはおそらく、テイラーの思想をいわば system of reference として、僕の中で位置づけられていったのだろうと思われます。そういうわけで、あの招待発表の資料として、テイラーを自分が訳した中からロックに関する数ページを資料として配布することも、“The Coronet”を取り上げることと同時に思いついていました。そのことを説明しようとすると、話しているこの僕の中にはあまりよく知らない僕がいて、そいつが、手持ちの材料を使って与えられた課題を果たすべく、いわば四六時中考え続けてくれていたらしい、という仮説を立てるしかありません。こういった、自分つまりセルフの複数性の自覚自体は、わりあい一般的なものだという気がしますが、それをどう分節化するかは、大問題です。たとえば、マテリアル・セルフ、ソーシャル・セルフ、スピリチュアル・セルフとピュア・エゴというふうに分節化した

W・ジェームズは、いま言及したような自覚についてはセカンダリー・セルフと呼び、さきほど言及したポランニーとは違って、それはだいたい、表に出ているセルフ（プライマリー・セルフ）よりも愚かである、と言います。おそらく彼は（妙な理屈をいっぱいこねますが）、現実には、集中力を失っている状態のセルフ、たとえば「夢想にふけっているときのセルフ」のようなものを念頭に置いていると思われ、要するに、焦点化された意識世界のみが存在論的正当性をもつとする立場でしょう。だとすれば、彼の説は、西洋近代文化が入り込んだ袋小路としてのプラグマティズムの、戯画のようなものであって、すくなくとも僕にとって「セルフ・アイデンティティー」についての彼の説は、まったく説得力をもちません。僕にとっての彼は、「生ける悲喜劇」と見えます。たしかに、『宗教的体験の諸相』が実証するような彼のいわば現象学的自己観察力はたいしたものであって、その意味ではシュッツやフーコーあるいはデリダをすら思わせますが、つまるところ、時代の犠牲者以上ではないでしょう。

それにしても、正直なところを申し上げれば、こうして皆さんに向かって話しているこの僕は、自分の中にいるらしい勤勉有能な僕から作業結果を受け取って、いわば署名捺印をし、自分の作品として提出しているにすぎません。まるで人ごとみたいですが、僕にとってはそのように語るしかない体験なのです。しかも、よく起きます。この、「僕のよく知らない僕」とは、本当に熱中して考えたり書いたりしているとき、たとえば、昼過ぎからそれを初めて気がつくと夜、食事中も考え続けて食後すぐパソコンに戻り、次に気がつくと真夜中で、結局朝までやっていた、といったときには、一体化しているような気がします。セルフつまり自己とは何だろうという疑問は、そういう経験も含めて、僕にとっては切実なものです。

はるか記憶を遡れば、小学生の頃にこの疑問は始まっています。いまでも極端に睡眠要求量は少ないのですが、子どもの頃からそうでした。昔も今も、六時間も寝ると、僕の脳は、熟れすぎて鬆の入ったキュウリのようになってしまいます。それなのに、当時の子どものつねとして、早く布団に入れられてしまいます。まったく眠気が訪れないのでいろんなことを考えてしまうわけですが、ある夜ふと、明日の朝目覚めるのは本当にこの僕だろうか、と思ってしまいます。この僕とまったく同じ記憶と体験をもった、しかし別の僕が目覚めたとして、その僕はこの僕ではないことに気づくのだろうか、といったことを考えてしまい、まさに眠れなくなりました。じつに奇妙な感じのものです。

長いあいだ僕は、この問題に囚われていました。それでも、いつのまにか忘れてしまっていたのですが、二、三十年前、まったく同じ問題を扱っている小説家に出会って、それこそ、あっと驚きました。フィリップ・ホセ・ファーマーというアメリカのSF小説家がいて、彼は、かなり有名な「リバーワールドシリーズ」というのを書いているのですが、その主人公は不死なのです。追い詰められると彼は、たとえば川に飛び込んで自ら死んでしまうのですが、しばらくすると別のところで目覚め、また活動を始めます。

この物語は一人称で語られます。邦訳では「俺は・俺が」となりますが、なにしろSFなので、仕掛けがあります。じつは無数の主人公がいつも製造途中であって、一つのそれが死ぬと、死の直前とまったく同じ記憶を植え込まれた脳とやはり同じように完全に調整された肉体とを備えたのが登場して活動を引き継ぐわけです。そして僕にとっての問題は、「俺」という一人称が引き継がれる正当性はあるのか、ということです。子どもの頃の僕が取り憑かれていたのはまさにこの問題ですから、「リバーワールドシリーズ」に出くわした時には、ほんとうに驚きました。ところが、西洋ではこれはずっと、哲学者や思想家を苦しめてきた問題でもあるのです。そのことを僕が知ったのは比較的最近のことで、テイラーの *Sources of the Self* を訳しながらいろんな問題にひっかかってしまい、このさい、とにかくセルフの概念を扱っているらしい本はかたっぱしから集めて読んでみよう、という無茶な試みを始めてからです。しかしそういうことをしてみて振り返ると、おそらく日本では、文化の伝統の違いから、あまりこの問題に関心を持つ人がいないのではないように思えます。しかし、西洋文化とか近代とかいった問題を扱う際には、これは一つの焦点となりうる問題だという実感がありますので、すこしお話ししてみようかと思っている次第です。

さて話しを戻して、発表すべき内容がいきなり構造化を完了し細部を備えて、この僕の意識にいわば宅配されるという、さきほど述べた便利な現象はいつも起きるわけでは、けっしてありません。実質的な作業を受け持っているのも僕には違いないでしょうが、その僕は、いまお話ししているこの僕の自由には、ならないのです。たとえば今日のこの発表のためにも、それは起きてくれませんでした。じつは秋に自分の大学で開催された中四国英文学会に来られた吉田先生に思い出させられるまで、今日のこの場で話すことを引き受けたのを、完全に失念していました。吉田先生に言われて思い出しました途端、慌てました。準備に使える期間が短いだけでなく、なにしろ今年は、前期も後期も、十三ずつコマが塞がっているという無茶苦茶な勤務実態なので、学会準備のために使えるエネルギーも時間も、僅かしかありません。あれこれと立論を試みましたが、今も言いましたように、ついに今日まで、何のひらめきも訪れてはくれませんでした。最初に、今回は一種の報告になってしまうとお断りをしたのも、かなりの部分、そのせいだということを、白状しておきます。

それで、自分が考えてきたことをすこし整理して紹介することにしようと割り切ったのですが、それをしようとしても、書いても書いても、どうにもまとまってこないのです。それでやっと、自分が頭の中に抱え込んでいるものがとんでもなく複雑な構造をもっていることに気づきました。たしかに僕の頭の中には、文化現象としての近代市民社会のある立体像があって、それについてなら何かお話しができると思ったので、今日のような表題をお伝えしたのですが、その立体像については、なにしろそれはいつもいじっているおもちゃのようなものですから、自分ではとくに複雑だとか面倒だとかいう認識はありませんでした。たとえ迷路のような鍾乳洞でも、そこで生まれ育ってそこを遊び場としていた者には、とくに複雑だという実感などないでしょうが、その鍾乳洞を説明しろと言われると途方に暮れるに違いありません。自分がその状況にあったことは、今ならはっきりと分かります。

が、ともあれ、あの「文化現象としての近代　英国の場合　civilityの概念から見えるもの」で僕が展開した議論が、すでに非常に複雑なものでしたが、テイラーとのつき合いを深めたこともあって、現時点ではそれは、さらに複雑化しています。あらためて体系的にまとめて言葉にしようとしたことがなかったので、それがどれほど複雑なものになってしまっているのか、気づいていなかったというのが、正直なところです。伝統的な数え上げ方をしてみるとかなりの多数にのぼるディシプリンが、僕が近代とか市民とか自己とかいった問題を考えるときには一緒くたにリソースになっているのが実情ですが、おろかなことに、やっとそれに気づいたところです。こういう機会がなければ気づくのがもっと遅れて、ラオコーン像のようなことになったのではないかとさえ思われますから、その意味では、僕にとってはよかったのかもしれません。しかし、お聞き頂く方々には、少々という以上に辛い思いをさせてしまうかもしれませんから、あらかじめ、お詫びしておきます。

そういう事情なので、すこしでも被害を小さくするために、今日の話しは、きわめてルーズにですが、三部構成めいたものにしたい、と考えています。ほんとうは、今も言いましたように、僕の中ではそういうふうに別れた問題であるわけではないのですが、他にやり方を思いつきません。

第一部では、スティーヴン・シェイピンやエイドリアン・ジョンズの仕事に言及しつつ、本日の題目どおりに、citizenの概念をいわば因数分解したときに現れてくる、civicとcivilという概念を焦点化した議論を行います。これはいわば通奏低音のように、全体を貫く問題意識だと感じられるのではないかと思います。

第二部では、さきほどすこし述べたソウル、つまり魂の問題を取り上げます。面倒な問題なので、いま少しだけ予備的に論じておきますが、近代とは、僕がここ四、五年取り組んでいるチャールズ・テイラーの議論をまつまでもなく、世俗化という側面をもっています。西洋、というより正確には西欧では、十七、八世紀にこの文化現象が進行し、たとえばそれ以前には、人間がその中に存在する場としての宇宙は、自明的に意味と秩序をもつ宇宙、神が創造した宇宙であって、普通「コスモス」と表現される宇宙でした。ハイデッガー的表現を用いればオンティックな宇宙、つまり存在者的宇宙とでも言えるわけですが、それが、たんなる物理的宇宙、つまりユニヴァースと表現される宇宙になってゆきます。同時に、たとえば王権神授説などという政治的言説が説得力を失って行きますが、このプロセスの中で、ソウルの存在も説得力を失って行きます。コスモスとソウルの実在が自明である時には、たとえば人間が人間であることをソウルが保証しているのですし、物質が思考するとは考えられなかったので、ソウルが理性を担っているとか人格を担っていると考えることが普通でした。たとえばロックが、物質に考える能力を付与できるかも知れない、といわば行きずりに書いただけでも、スティリングフリートとの間に激烈な論争がもちあがったほど、王政復古時代ですら、これはデリケートな問題だったわけです。

ところで突然ですが、ソウルの実在を認める立場からは、心理学は出てこないわけですね。ロックが心理学のいわば濫觴とされるのには意味があって、彼がそういうふうに、いわばソウルの物質化を試みたからなのです。つまり、ソウルからマインドへという人間把握の変化があり、その変化を経てはじめて心理学が成立するのであって、実際、*From Soul to Mind* というタイトルのついた心理学成立史の研究書もあります。ソウルが存在するか否かというこの問題は歴史が古くて、ソウルとボディを分けて考えるネオプラトニズムがキリスト教神学に入って以来、最後の審判を受けるために全ての人間が復活するというキリスト教の根本教義に絡む問題として、多くの哲学者や神学者が頭を悩ませています。たとえばデカルトにとってソウルの存在は自明のことでしたが、今も触れたロックになるとこれが問題として意識されていますし、じつは十八世紀のスコットランド啓蒙主義のあたりまで、激烈な論争が展開されています。この問題は、近代市民社会が成立するにしたがって、テイラーがみごとに解明しているような経緯を経て、ソウルの存在が存在論的にかならずしも必要とはされないようなセルフが登場したために、いわば自然に忘れられてゆきますが、しかしそうなると今度は、セルフつまり自己とは何であるのかという問題が切実なものとして意識されるようになります。現在の哲学のある種の最先端では、自己・セルフなどというものはじつは確固としてあるものではない、とする立場がむしろ有力ですが、けれども、もし僕にソウルがあって、それが僕がインテグラルな存在であることを保証してくれるのだとすると、厄介な問題は生じません。また、僕がロックのように、記憶の及ぶ限り、つまり意識できる限りが自分つまりセルフであると言い切ってしまえるなら、やはりこの問題は生じません。しかし、同時に別の問題が生じます。というのは、それでは自分が意識できない自分というものを否定することになるので、ポランニーのいう暗黙知を認める余地はなくなり、僕がいきなり複雑な構造をもつ概念を完成した形で思いついてしまうという体験については、まさに外からデーモンかなにかにそれを吹き込まれたと考えるしかなくなるからです。

現在、いわゆる先進国社会については、ポストモダンと呼ばれる文化状況にあるといわれるわけですが、いわばソウル探しのような現象がそこで普遍的に起きているところからすると、じつはいま、近代市民社会の自明的成立以前にあった文化状況に似たものが、あくまである面においてはということですが、生まれてきているのではないか、つまり「モダン」とは、何らかソウルと呼びうるものを排除する文化現象だと定義できる一面をもつのではないか、近代市民社会は、人間が人間だけでユニヴァース宇宙に自足的に存在していられるという不自然な事態を文化として作り出していたのではないか、と問いうるのかもしれません。こんなことを僕は、近頃、漠然と考え始めているのですが、際限のない話しですから、この程度でとどめておきましょう。あとで、余裕があれば、もう少し論じてみようと思います。

今日の話しの予定を、まずお話ししていたのでしたね。ルーズとはいえ三部構成をとるつもりだと言いました。その第三部では、やはり civicness と civility を巡る問題ではあるのですが、現代の政治哲学あるいは政治理論のスーパースターであるウィル・キムリッカの言葉から出発します。お手元の資料のとっぱしに、彼の言葉を引用していますが、もし、そこで彼が言っているように、"civility" がたんに、「同じ人間なのだから、自分がされて嫌なことは相手にしないようにしましょうね」といった程度の教訓に回収されてしまうならば、それ自体が性質の悪い問題ではあるまいか、という議論を僕は展開しようと思っています。

ここまでに紹介した三つの部分は、僕の中ではどうにも切り離せないものとしてありますが、おそらく今日の僕の発表では、その実感を伝えるには至らないだろうと思います。ともあれ、こういう長い前置きをしたうえで、ようやく本論に入ります。

まずは第一部です。例の *The Nature of the Book* を書いたエイドリアン・ジョンズが、その冒頭でじつに印象的な、なぜ我々は本を信じるのか、という問いかけを行っています。もちろん、じっさいはもっと手の込んだ言い方をしているのですが、本あるいは印刷物が自らをこういうものだと、たとえばこの本はシカゴ大学出版部から出た本である、とジョンズの本はいわば自己紹介をしているわけですが、僕たちはそれを信じます。そして、あの本で彼が動員している資料などについても、その実在性と内容を、僕たちは信じます。どうしてそうなるのか、と彼は問いかけるわけです。彼の問いかけを僕なりに単純に言い直してみると、ようするに、見も知らぬ人たちが作った本の自己紹介と内容をどうして僕たちは信じるのか、ということです。もしもある本が作られ流通する範囲が、アレントがいう「あらわれあう」社会、つまり互いの人格を心の中でシミュレーションできるほどに互いが知り合っている社会ならば、あの人の言葉あの人の本だから信じよう、あるいは逆に信じまい、ということは十分に合理的です。そうでなくても、ある種の小さな共同体、たとえば村のようなものなら、誰々の発言の信頼性はどの程度、誰々の発案の実用性はどの程度ということが、一人一人について自明に了解されていて、言葉や約束をどの程度あてにしたり信じたり出来るのかという判断が、きわめて合理的にできるでしょう。けれども、人格的知識も社会的背景知識もこちらにはない人たちばかりが作った本、あるいはそれは報道記事でもよいのですが、ようするに見も知らぬ人が提供する情報を、どうして僕たちは信用したり信頼したりするのでしょうか。

ここにおいでの皆さんは、それのどこが問題なのだとはまさかおっしゃらないと思いますが、印刷物だから信用できるというわけではありませんし、たとえば大学や国が出したパンフレットや本や新聞といった印刷物であっても、だからといって信用や信頼ができるわけではないことは、たとえば北朝鮮のような国家を想像したとたんに、直観されるはずです。中国もまだその類だろうな、というのも直観されるはずです。高層ビルが建ち並び、背広を着た男性やスカートスーツを着た女性が群れて歩き、ぴかぴかの乗用車が道路を埋めているからといって、流通している情報が今言ったような意味での信頼性をもっているとは限りません。あるいはミャンマーであったりサウジアラビアであったり、いくらもその例はあげられるでしょうが、社会に流通している情報に第一義的な信頼性がない社会はいくらもありそうです。ようするに、僕たちがこれは近代市民社会であると直観する社会においてのみ、社会に流通する情報の一般的信頼性が極めて高いのだ、ということに気づきます。ですから、この情報は信用できるがあれは出来ないといった僕たちの直観が、それを生みだし流通させている社会のあり方に直結しているらしいという、法則性も同時に直観されているわけですが、ではこの直観の内容あるいは構造は、どういうものなのでしょうか。あるいは、そのような直観の構造はどのように成立してくるのだろうかという問題が、近代市民社会の成立との関係で存在しているらしいことが、見えてきます。最近はやりの言葉遣いですが、同時に僕自身のものでもある言葉遣いで言うと、それはどういう文化現象であるのかということですが、じつは、スティーヴン・シェイピンやエイドリアン・ジョンズがやったのはじつはそういうことである、と言えるように思います。十七世紀後半、更に言えば王政復古時代のイングランド、とくにロンドンに、情報社会としての近代市民社会が姿を現してくるのを、彼らはそれぞれに跡づけあるいは解明しているわけです。あらためて言い直せば、第三者社会に広く流通する情報でも、ある手続きに則っていれば一般に信頼性を前提できるような社会がどのように成立してくるのか、それを彼らは、それぞれに跡付け解明しているということです。先ほど北朝鮮に触れましたが、現在の世界でも、そういう社会は地球上の一部にしか存在しません。二人を読みながら考えていると、そのような社会が現に出来上がったのがほとんど信じられなくなってくるほど、それは大変なことであるのが理解されてきます。シェイピンは、組織としては王立協会、個人としてはとくにボイルを焦点化して仕事をしていますが、ジョンズは書籍の流通、とくに正確な内容をもつ自然科学書の出版と流通が可能となってゆくプロセスを、書籍商の業界団体であるロンドンの Stationers' Company、いわゆる書籍商組合と、主としては先ほども出た王立協会のせめぎ合いを辿りながら見て行きます。どちらも簡単に要約などしては失礼なほどの労作なので、あえてそういうことは試みませんが、それでも一点申しあげられるのは、どちらにおいてもジェントルマンという概念が重要なものとして浮かび上がってくるということです。

じっさいどちらの論も、当時の社会では、「ジェントルマンだから信用あるいは信頼ができる」が自明だった、ということの確認から始まります。それはまさにその通りであって、その点について僕なりの情報を付け加えれば、王政復古後、一般的には議会における議論の内容を印刷媒体で報道することは認められていません。ところが手書き書簡という体裁であれば、それが大目に見られます。じっさい僕が翻訳したマーヴェルの書簡はハル市の参事会に宛てての国会報告がほとんどですが、それが可能だったという事実自体が、そういう事情を示しています。そういういわば慣例があったために、当時のロンドンには、大量の書き手を傭って事実上新聞のような規模で、ただし手書き書簡の体裁で地方の地主層に議会の議論内容を知らせる業者がありました。つまり規制は事実上無効だったわけですが、近代市民国家に暮らす人びとが、印刷された新聞や雑誌に自動的に第一義的信用を与えたくなるメンタリティをもったとしても、当時はまだ、手書き書簡は政治情報を悪用するはずがないジェントルマンたちの世界のものだという規範的な判断が根強く残っており、いっぽう新聞のような印刷物を読むのは、識字層であり政治的関心を抱いているという意味ではまったくの庶民ではありえませんが、それでもジェントルマンより下の者たちであって、これが狭い意味でのシティズンたちですね。これはコーヒーハウスにたむろする層の人びとでもありますが、その層の人びとに高度な政治的情報を与えることは社会の安定に寄与しないというふうに、宮廷に縁があるような層の人びとは判断していましたから、そちらの方は許されないのです。にもかかわらずどのコーヒーハウスも競って合法非合法お構いなしに、印刷された情報媒体を取りそろえて置いてある、という状況があります。しかも、いま言った狭い意味でのシティズンばかりか、王立裁判所の開廷期には彼らより上の層の、JPだったりする地主たち、つまりジェントルマンと言うべき人びともそこには姿を見せています。王政復古時代というと、狭い意味でのジェントルマンと狭い意味でのシティズンがまさに広い意味でのシティズンにマージしようとしており、それだけに保守的な層はその区別にしがみつくわけで、そのメンタリティについては後ほど少し触れるつもりですが、とにかくその一方で、事実上その区別は崩壊しつつあるという変化が進行しているわけです。このあたりのことに、ずいぶん昔のことになりますが、ハーバーマスが目を付けて、例の *The Transformation of Public Sphere* を書くわけですね。公共圏はある程度成熟した文化ならどこにもあるが、それが開かれた情報世界として政治性を帯びるのは、コーヒーハウスだ、というわけです。近頃はこの本への批判がとても多いのですが、それでも、公共圏と親密圏の関係を巡る議論を別にすると、基本的テーゼ自体はおおむね肯定されているはずで、そのことは、たとえばリストにもあげてあるジョン・スマイルが、*The Origins of Middle-Class Culture* という非常に良くできた本のなかで、わざわざ確認しています。

さて、二冊の本のはなしに戻りますが、ジョンズの方で言えば、王立協会は自他共に認めるジェントルマンの集まりですね。ところが書籍商たちというと、自他共に認めるシティズンではありますが、まだ両者を区別する場合にはジェントルマンの下の階層になりますから、上から見れば信用ができない、ということになります。しかも組合は、これはジョンズが見事に描き出している、のちに版権を成立させてゆくことになるシステムによって一種の自己規制をしてはいるのですが、組合員でさえも事業主としての利益を追って、事実、ともすればジェントルマンたりえない振る舞いをしがちです。しかし、成立途上にあった自然科学の場合、たとえば天体図や各種観測結果を表にしたものなどは完全に正確に印刷されていないとまったく無意味になってしまいますから、図版原盤などをいい加減に扱われたり、いわゆる海賊版が出たのではたまりません。ですから、その類の書物の著者たちは、自然科学者としてはまったく当然ながら、しかしながら一般人から見れば偏執狂としか見えない執拗さで正確さにこだわります。そこには、虚々実々のすさまじいせめぎ合いが生じざるをえません。そのあたりの細々したことはとても面白くて、たとえば王立協会の会長職を務めていた時期のニュートンが関わってくるところなど、読み始めるとやめられなくなるくらいでしたが、そんなことを紹介しているといくら時間があっても足りませんし、先にも申し上げたように、そもそも安易に要約などしては失礼なほどの労作なのでやりません。もしまだお読みでなければ、ぜひ読まれることをお勧めしますということになりますが、ところが、シェイピンもジョンズも、なにしろ英語に癖があって、読みやすくはありません。ジョンズの場合、ただ英語が下手なだけという印象のシェイピンとは違うのですが、文体にも述べ方にもかかなり癖があり、僕などよりかなり若いはずなのに、日本語でいえば旧仮名遣いを読まされているような感じがします。秋田大学の佐々木さんは、まさにそういう理由で嫌になって途中で投げ出した、と言っていました。僕自身もそれがいわば鼻について投げ出しかけたのですが、三分の一あたりから俄然面白くなりだして、そうなると文体などはまったく気にもならなくなって、残りは一気に読みました。非常にアカデミックな価値の高い本で、書いたジョンズは一種の化け物だという気がしますが、ともあれ、書物や新聞といった印刷物が一般的に信用できる文化をもつ社会、それはまた自然科学を成立させ普及させてゆく社会でもありますが、そういった社会つまり近代市民社会がどのように成立してくるのか、この二冊の本を一緒にすると、それぞれ特殊な視点からではありますが、どちらも自然科学に焦点を当てているために一種の立体眼鏡効果とでも言えばよさそうな、いわばシナジー効果が生じるように思えます。たまたまそういうふうにして僕は読んだので、これは保証できます。

それにちなんでちょっと脱線ですが、じつは五月の招待発表のために、はるかな昔に読んだデュルケムの『宗教経験の原始的態様』を読み返し、同時に、これは初めてでしたが、マックス・ウェーバーの『古代ユダヤ教』を読みました。毎日どちらも読んだのですが、この二つの本はご案内のように、いわゆる宗教社会学の始まりとなったものです。デュルケムは二度目ですが、先にも申しましたようにあまり記憶力が良いほうではないうえに、あいだの時間にこちらもそれなりに勉強したり考えたりしているので、じつに新鮮に読めました。そして大変な収穫でした。ウェーバーのほうも、これはそもそも初めて読んだ僕には、デュルケム以上の収穫でした。なるほど、ウィリアム・ジェームズなんかとはまた違って、宗教であり社会学なんだ、と感心しながら読み続けていました。それをきっかけに本気で宗教社会学の本を読み始めたくらいですが、やはりこの二つの記念碑的仕事を同時に読んだことの効果は、てきめんだったというのが実感です。実はそのとき同時にメアリ・ダグラスの *Purityand Danger* も読み返していて、するとダグラスはまさにウェーバーのこの仕事の批判を展開していたのに、あらためて気づき、あらためて、彼女の議論の方に説得されました。というわけで、面白さはさらに倍加したのですね。若い人もおられるので、こういう話しはすこし参考になるかな、と思います。だいたいいつも五、六冊を同時並行的に読んでいますが、これからはうまく仕組んで、シナジー効果を意識的に狙ってみようか、と考えています。

さて、脱線からもとの線路に戻りますが、情報社会が安定的にいったん成立した地点に立って考えれば、情報の信頼性が揺らげば社会から安心は消滅しますし、そうなったときには、意識せずに不安なく送っている日常も消滅します。ジョンズやシェイピンの本が辿った変化の先に現れてくるのが近代のシティズン社会つまり市民社会であり、まず十八世紀イングランドに成立してから二百年ばかり続き、現在僕たちが暮らしている社会に至って怪しくなっているわけですが、モデル化して言えばこの近代市民社会においては人びとは、自分たちが同じように市民同士であることを、服装や言葉遣いや身振りや姿勢からいわゆる作法やマナーなど、包括して広い意味での civility と表現できるすべてによって無意識のうちに発信し受信しあう文化システムを維持しています。そのおかげで、構成員同士はじつは第三者の関係性の中にあるしかない巨大社会であっても、いま言った意味での意味システムとしての civility を構成員達が自明的に共有することで、社会的安心と安全をことさらに意識もせず享受できている日常が成立しています。これは村人が感じる安心とは、本質的に異なるものです。皆さんは都会人でしょうから、昔都会人であった頃の僕には理解できなかったと同じに理解できていないと思いますが、鳥取という田舎では、今申し上げたことは日常的に痛感させられます。たとえば、県外からきた学生たちにさえ指摘されるのですが、もちろん例外はいくらもあることを認めた上で言うならば、鳥取の人たちは一般に挨拶がうまくできません。そして、見知らぬ人びとにうまく接することができません。まだ近代市民社会になりきれていないとは、そういうことなのです。ということが分かってみると、今度は逆に、肩を触れあうほど近く立っていたりすれ違ったりする互いに見知らぬ人びと同士が、なぜ第一義的には不安を覚えないでいられるのか、という問いを、僕自身でここで出しておきたいと思いますが、これはもちろん、最初に紹介したジョンズの問いかけをもじったもので、答えは同じように、近代市民社会がそこに成立しているから、ということになります。ここでの近代市民社会とは、小規模であって理念的にはアレントの言う意味で互いに現れ合っていた古代市民社会と区別して、大規模な第三者社会を言っているわけですが、じつはここに、次の面白い問題が顔を覗かせています。しかしそれを言う前に、先ほど触れたように、政治性を帯びるという意味でハーバーマスが構造転換した公共圏の具体例としたのがコーヒーハウスですが、そこでもこの原理はもちろん確認できます。第三者どうしがそこに集うとはいえ、服装や身振りや言葉遣いといったことで、そこにいることがふさわしい人間であるかどうかは自動的に判別されるわけです。貴族然とした服装や振る舞いも不都合だし、職人だとすぐ知れる服装や振る舞いももちろん不都合です。その場で政治的言説が飛び交い議論が行われるという点に着目すれば、これはたしかに civic な場という風に定義され、またじっさいそういうふうに言われることが多いわけですが、しかし、そこに参加する資格を無意識に判断している根拠である服装や言葉遣いや態度は、じつは civility ですね。Civility がいわば civic 空間への敷居の役割を果たしていることになります。civil でなければ civicness からも排除される、という事態がそこにあるわけですから、やはり両者は切り離せません。そしてぜひとも確認しておきたいのは、この尺度としての、あるいは構造主義的に差異の体系としての、ということはもっと言えば、互いの社会的アイデンティティーについて発信し受信し合うための言語としての civility は、非常に規範化斉一化が進んでゆくということです。滑稽なところでは、ここに図版をすこし出しておきましたが、たとえば、挨拶の仕方が馬鹿馬鹿しいほどに定式化され、儀式性を高めてゆくわけです。じつは同時に英語という言葉も、僕があの論文でマッキントッシュを援用しながら述べたように、いったんは異常なまでに規範化が進みます。アディスンやスティールやジョンソンさえも、世紀後半になると、大量に出回る、文法書と称しながら実際は恥ずかしくない文章の書き方の指南書によって、語彙が下品だの洗練がたりないだのとこき下ろされます。そのプロセスを経て、つい数十年前まで僕たちがたたき込まれてきたような、模範的英語散文というものが成立するわけです。その時代はまた産業革命の時代でもありますね。ようするに、社会においてあらゆる面で規範化・斉一化が進行してゆくのであって、その巨大な流れの一部として、コードとしてのcivility の斉一化・規範化も理解される必要があります。たとえば労働者や小作百姓以外は、貴族も含めてシティズンとしての服装になってくるといった現象、つまり細かく別れていた身分や階層がそれぞれに言葉や服装や身振りにコード化されていたのが、コードシステム自体においてシティズンか否かという形に斉一化、規範化が進行してゆくということが理解しやすくなるというわけで、ポストモダンという概念も、あれこれと議論はあるのですが、こういう図式の中で、同様に巨大な文化的変遷を表現する機能ももたせておくのが便宜でよいのではないか、というふうに僕は考えています。そうすると、近頃の英語散文のだらしなさとか、なんでもありの服装とか、さらには先にちらりと触れた、「魂探し」と表現出来そうな文化現象も、やはりポストモダン現象として解釈できることになります。「自分探し」なんていうのは、僕には、まさに「魂探し」だと感じられます。

すこし話しが逸れましたが、コーヒーハウスのような公共圏についてもう一つ確認しておかなくてはならないのは、そこでは、娘がどうした息子がどうした、妻はどうした、といった私事が語られることも原則的に不都合だということです。もちろん自分の娘とあなたの息子を結婚させるといった交渉をそこで行うことは可能ですが、それはもう市民にとってプライバシーではありません。つまり、第三者が集い場合によっては政治を語るといった情報公共圏であるという性格は、親密圏の排除という条件のもとに成立しています。これがまた、近代市民社会の本質でもあって、ご案内のようにフランス国家は、ほとんど悪ふざけかと思われるほどに、この原理に固執しています。市民といってもフランス型の成立とイングランド型の成立とがあるわけですが、これを巡る議論は、もうすこし先に延ばします、というより今日は、そんなところにまで入りこむのは無理でしょうね。それに、とても面白い問題ではありますが、十七世紀というよりもそれ以降の話題と言うべきでしょう。

ところで、市民性と言った場合、それをいわば因数分解するとcivicnessとcivilityになるわけですが、先ほどの話しを引き継いで、いましばらくcivility、つまり普通には政治的ではない市民性について考えて見ます。じつは先ほど指摘したように、文化理論的な観点を持ち込むと両者はつながってしまうのですが、とりあえずいまは必要上、普通に行われるように、両者を切り離して考えることにします。というのはここでどうしても考えておかなくてはならない問題として、たとえばオルテガ・イ・ガセットが有名な『大衆の反乱』で論じた「大衆」という概念が絡んでくるからです。近代市民社会にその正式構成員つまり市民として暮らす人びとにとって、制度上は政治参加が権利でもあれば義務でもあるわけですが、実際には彼らの大部分は政治に関心をもたず積極的には参加もしません。しかしながらもちろん一人前の社会人ではあって、この社会の安心と安全と快適さ、つまり市民的日常を自らも享受しつつ維持することに参加しています。つまりcivicnessとcivilityのうち後者のみを備えていることを資格要件として、自らをcitizenと考え、またそう認められてもいる人びとです。つまり当たり前の人びと、大部分の人びとですね。これは厳然たる事実ですが、ところが近代市民国家は、この人びとが十分にcivicnessを備えていることを前提に成立するものであるという、これもまた厳然たる事実が他方にあるわけです。たとえば、極端にはしょって言うことになりますが、フランス型市民を生みだしたフランス革命は、本来は三部会として招集されたうち第三身分の部分が主導するわけですね。彼らは自らを国民議会であると再定義したのち、「人間と市民のための権利宣言」を出し、そして普通選挙権を実現して、国の主権者となったからには自分が国を守らなければという論理で徴兵制を実現してしまいます。そうして国民が発生し国民国家が発生するわけですが、オルテガはいわばこの矛盾に大衆が発生する、つまり civic と civil のあいだに大衆が発生する、という議論を展開するわけです。成熟した civicness などまったく持ち合わせない市民たち、この市民たちは、じつは快適な近代社会を維持する文化としての civility を身につけているにすぎず、その資格において市民であるにすぎないにもかかわらず、政治的な主権者という与えられた自己像にふんぞり返って主人顔に振る舞う、それが不都合だ、というわけです。それをオルテガは大衆と呼ぶのですが、じじつ、当時ナチスは合法的に普通選挙によって政権を獲得します。オルテガはそういう現実を見ていたわけですし、そういう事情は、戦後たくさん独立したブラックアフリカの新興国家の相当部分が、欧米が押しつけた民主的普通選挙を一回きりしただけで独裁国家になってしまったというところにも、見ることができます。別の言葉遣いをすると、ピーター・リーゼンバーグという citizenship の研究者が、フランス革命までの citizenship を第一の citizenship、そして近代国家の citizenship を第二の citizenship というふうに呼んでいます。そして後者においては、市民と称する、あるいはそう称する地位を得ている人間たちは、政治参加意識など喪失してしまうのだ、と言っています。じつはこのあたりのこと、つまり civicness と civility の関係が、僕が現在一番面白いと思っている問題なのですが、次のシェイピンの議論についての話しの後、立ち戻って論じてみるつもりです。

さて、ずいぶんと長い議論のあとシェイピンに立ち返るわけですが、シェイピンが論じているボイルについて言えば、爵位をつがない選択をすることがかなり重要な点だろうと思います。もちろん彼はジェントルマンであり、先程来何度か確認しているように、これは当時の言葉の主流的用法ではまだ citizen より上の位置づけでしょうが、しかしそれはもちろん身分差ではなくて、どちらも平民です。僕には、自然科学者という自己像を鮮明にもっていた彼は、貴族として情報発言することの不都合さを直観していたように、思えます。情報社会であるためには、情報公共圏が成立しなくてはなりません。つまりその参加者は、平等でなくてはならないわけです。たとえば、個人的に知っている相手、それをかりにアレント流に「現れあっている」相手と呼ぶならば、――アレントが貴族と平民についてそういう言い方をしないであろうことは十分承知していますが――現れあっている同士は、たとえ一方の身分が市民であって他方の身分が貴族であっても、互いの人間的誠実さを了解して自然科学的情報の発信源として信頼する、ということは十分ありえます。しかし、第三者同士が形成する情報世界であれば、そこに身分の違いをもちこんだ時点で、公共圏の定義に違反してしまいます。貴族である私の主張に市民であるお前は従え、ではどうにもならないのですから。大学でも、私は教授であって君は学生なんだから、私の主張を真実と認めなさい、なんてことはやれないわけです。自然科学に限らず政治情報でもその他の情報でも、これはようするに公共圏というものの定義自体に由来することで、原則的にはどの公共圏でも同じなのですが、とはいえ自然科学を例にしたときにおそらくもっとも端的に見えてくるように、それは平等な人間同士でなければ成立しないのです。そういう事情が、社会全体について言えるようになる、そういった社会を、その便宜を享受しつつ維持しているのが、のちに市民と呼ばれる、そして自らもそういう自己像をもちそう自称する人びとです。十七世紀後半のロンドンでは、この意味での市民たり得る層が、着実に拡大してゆくわけです。そこでは当初から、貴族という存在原理を認めたとたんに公共圏に提出される情報の平等性つまり信頼性が揺らぐという直観は働いたはずです。誕生しようとしていた自然科学において、そのことをボイルは直観していたように、僕は思います。もっともシェイピンは、彼が爵位を継がなかったことについて、明示的にそういう説明をしているという印象はないのですが、僕自身はそういう側面もあったのではないか、と考えているということです。

というわけで、シェイピンの議論からは、ジョンズの議論とはまた違ったものが、浮かび上がってきます。どちらも自然科学の成立を焦点化しているのですが、シェイピンはその成立そのもの、そしてジョンズは、それが印刷文化を介して社会に普及してゆくにいたるプロセスを焦点化しています。先ほども申しましたが、この両方を読むと、なかなか面白い立体的な把握ができる様に思います。

ところでここまでお話してきたわけですが、もしかしてお気づきの方もおられると思いますが、じつは、秩序とは何であるのかという問題が、ずっと底流として流れておりました。ここまでくると放置しておけないので、ここからは、多少性格の異なる議論になりますが、その問題にすこし入っておこうと思います。それで、いきなりですが、まず、秩序感覚の原型は上下尺度、言い換えれば垂直軸における序列であって、水平的な分布ではないということを、確認しようと思います。秩序は垂直軸にのっとって想像されるものだということです。さきほどの繰り返しになりますが、自由平等を歌うフランス革命において、第三身分は自らを国民議会と一方的に定義しなおしたのち、「人間と市民のための権利宣言」によって人間平等の理想を掲げます。そのようにして国土に生まれて暮らす大部分の人間（といっても、女性が省かれていたことに留意しなくてはなりませんが）を、人類史上初めて、尊厳において平等で政治参加を行う個人たちつまり市民として規定しますが、そういうメカニズムで国民を誕生させ人類史上初めて国民国家となったフランス国家は、じつはそれと同時に、ブルボン王朝の努力を引き継いでもいて、いわば積年の課題だった中央集権システムを、一気に完成させています。パリ市民たちは、それでご案内のように、国は王のものではなく自分たち国民のものとなった、つまり自分たちは国の主権者となったのだから、古代の市民達のように、自分たちの社会を守らなくてはならないというので前線に出て行き、素人集団がプロ集団であるプロイセン軍を追い出してしまうわけです。そして、自分たちが主権者である国、自分たちの財産である国は古代都市国家の市民同様に自ら戦って守るのが当然というわけで、徴兵制が成立してしまうわけですね。その後、政治体制は変転して結局は帝政になりますが、中央集権化は一貫して強権的に続けられています。とくに軍人ナポレオンによるその推進は、調べてみると瞠目すべきほどに一貫したもので、その結果、今日見るような徹底した中央集権国家フランスができあがります。

どなたも先刻ご承知のことを、そのうえに繰り返してまで申し上げたのは、ここにある非常な皮肉を指摘したかったためです。このフランス革命にほとんど濃縮されたかたちで見えるわけですが、近代という文化現象は、一方では一人一人の個人を平等にかけがえのない存在であると位置づけつつ、しかし同時に、個人間の差異を評価しない社会を、平等の追求という名目の下に作りあげてゆくわけです。前者はいわゆる基本的人権という考え方を生み出し、それが自明化して行くこと自体が近代市民社会の成立と成熟を測定する重要な指標になりますが、後者は全てが斉一化規範化されてゆく社会を生み出すわけで、これもまた近代市民社会の成立と成熟を測る重要な指標です。後者が前者を実現できる物質的に豊かな社会を作り出しそれを担保しているわけですが、プロセスとしての後者が進展すればするほど、秩序システムとしての社会自体は、個性を評価しなくなってゆきます。これが近代の矛盾といわれるもので、大げさにいえばカントの世界市民といった概念から語られることがありますが、一般には平等主義的リベラリズム自体が抱える矛盾だとされます。きわめて卑近なその例をあげれば、僕たちが社会に送り出して行く大学生は、大学を出るまでは、それこそ幼稚園の時代から、一人一人の個性は自明的にかけがえのない価値を平等にもつという言説、人の命は地球より重いのだといった言説に浸されて、育っています。つたない詩を書いても、先生は思ったように書くのが一番良い詩なのだと言い、つたない絵を描いても、思い通りに描くのが最善の絵なのだとやはり先生は言う、そういう世界で彼らは少年少女になり大学生になっているわけです。先生たちは詩や絵の批評眼などもたないのが普通だと思いますが、それでも学生たちは子ども時代からそういうふうに信じ込むべく育てられてくるわけです。

それが社会に出た途端に、それは本質的な意味での個性などをまったく評価しないシステムであるという現実に、直面します。考えてみれば、先ほど指摘したように、近代を物質面で実現し支えている社会システムは、あらゆるものを斉一化規範化することで生産を効率化した果てに実現されているのですから、生産と秩序の場としての社会は、かけがえのない個人の集合としての社会のまさに対蹠的な、つまり antipodally に反対のものであるのは当然です。Aという労働者が倒れてもBをそこに置けば支障は生じないのが近代世界であって、そのシステムをいわば結晶的に実現している近代軍隊では、兵士Aは兵士Bと完全に置換可能でなくてはなりません。秩序としての近代社会の原理はこういうものですから、大学生たちは近代という文化現象の、個人を焦点化したときに現れる一面から、秩序・組織を焦点化したときに現れる対蹠的反対面へと投げ出されることになります。彼らが鬱病になったり五月病になったり、あっさりと退職したりというのも、こういう見方をすれば、当たり前のような気もします。わざと市民という部分を抜いて言いましたが、その市民というあり方に矛盾が凝縮されているわけです。

ところで、さきほど申しましたように秩序感覚の原型は垂直感覚ですが、その言い方を用いるならば、個性の違いを評価するということは、水平的な位地取り、つまり同一面上でことなる立ち位地のそれぞれを平等に評価するということになります。しかし水平的な配置のなかに個体が存在するのは分布であって秩序ではありません。レヴェラーズ的な動きがつねに排斥され否定されるのは、社会的動物としての人間が生来備えていると思われる秩序感覚が、本質的に垂直的なものだからですね。レヴェラーズ的な考え方や動きは、その見地からすれば、被る非難通りにノモスのない状態すなわちアノミーであり、混沌への恐れをただちに、かつかならず、喚起するものです。資料にあげておきましたが、Don Herzog, *Poisoning the Minds of the Lower Orders* (Princeton University Press, 1998) という本は、十八世紀イングランド社会、というよりロンドン社会のそういう面だけに注目したものです。人間のもつ差別意識、つまり垂直尺度の乱れを人がいかに嫌悪するか、ということだけに着目して、呆然とするほどに多様大量の資料を彼は読破し整理しています。僕は最初、なにか説得力のある理論が結論として出てくるのだと信じて、それでも途中からはさすがにうんざりしながら最後まで読んだのですが、結局そういったものは何もありませんでした。しかし、人間の社会的秩序感覚が第一義的に垂直なものである実感だけは、毛穴から吹き出してくるのではないかと思う程たっぷりと詰め込まれましたから、結局のところ読んだだけのことはあったのかもしれません。そして今ひとつ、この関連では、ブルデューの『ディスタンクシオン』に出ている有名な図をお手元の資料に出しておきました。このとんでもなく複雑な相関図も、じつは、人間社会の秩序の第一原理は垂直軸であると気づいてしまえば、そう面倒なものではありません。尊厳において平等であるなどと理念を説いても、人間がそれに満足することはありえないのであって、各自それぞれに卓越化戦略を立てるわけです。一見水平な面に並んで分布しているようでも、あえてその比喩を拡張して用いるならば、無数の水平面があって、その無数の水平面が垂直軸に配置されている、ということです。各人は少しでも自分がその水平面から垂直あるいは斜めにであっても離陸してゆこうとするわけで、そういう動きがどういうパターンを生むかを、その図は表しています。ブルデューは社会学者なので、理想や理念を語るのではなく、人間社会の現実から法則性を抽出して見せてくれるのですが、じつは理念や理想としての平等を言い立てるほど、そしてそれがまさに理想・理念として自明化すればするほどに、人々はその中でなお自らを卓越化することに血道をあげるというのが、繰り返しになりますが、近代の矛盾であり、面倒なところにもってゆけば、たとえばフーコーやデリダのこだわりにもつながるところがあると言えるでしょう。しかし、きわめて卑近なところに例を見るならば、先ほど触れたように、若者たちが直面して苦しむ現実そのものでもあります。

ちょっと切ない比喩を用いれば、どのドングリもかけがえがなく尊いと言われて育ってきたドングリたちですが、秩序システムとしての社会ではどのドングリも一つのドングリとして扱われ他のドングリとの違いは評価されない、ということになるわけです。しかし、背比べをするのがドングリの性《さが》なのですね。大きさに差があれば、それによって社会的上昇を果たすドングリがあるわけですが、これは正当なことと認められます。同じドングリだからこそ、大きさ、つまり才能や努力が評価されるわけですが、そこに椰子の実やクルミの実が混じっていると、ドングリとしての才能や努力は意味をもたなくなります。つまり、みんなが市民となり中流となりおえたと思ったとたんに、誰もが互いに優越感や劣等感を抱きあうねたみ社会が出現しているわけです。そして、もし椰子の実やクルミの実が混じっていると、これは別種存在ということで、敬遠されたり排斥されたりするわけですね。僕があの論文で展開した議論は、ある面では、近代市民社会のこういうところを扱っていました。日本列島改造論の時代、つまり日本人総中流化と言われた時代に塩月八重子の『冠婚葬祭』がベストセラーになった話しやら、アメリカで鉄道旅行が盛んになった時代にマナー指南書がベストセラーになったという、スティーヴン・カーターの *The Civil Society* に出てくる話を持ち込んだのは、そういう文脈でのことだったわけです。

さて、近代社会のある側面をこうして確認した上で、この社会を形成している市民たち、つまりシティズンというものについて、いい加減考えてきたようですが、さらにあらためて考えます。「文化現象としての近代——英国の場合 civility の概念から見えるもの——」という論文で、僕はここでもずっとやってきたように、シティズンをシヴィルとシヴィックという二つの面に分けて考え、もっぱら後者を焦点化しました。というのは、前者、つまり自分が暮らす共同体の運営つまり政治に自律的に参加する個人と定義されるシティズンは、すくなくとも政治哲学の分野では非常によく論じられるのですが、後者はそうでもありません。僕にはその後者の視点から見える近代のほうに、まだ論じなくてはならないことが、政治哲学の観点からも、多く残っているように思えたからです。それというのも、先にも言及したフランス革命でいわば公式に発生した国民、つまりそれまで参加出来なかった政治に参加するようになったためにシトワイヤンつまりシティズンという社会的位づけを制度的にも自己像としても得た人々が国民であるわけですが、この人々の数はまさに厖大であって、その厖大な人数が広大な国土に散らばって生きているという現実があるからです。これらの人々をシティズンと呼ぶことは、直接民主制を維持できる規模を都市国家の最大サイズと考えたアリストテレス的に言えばルール違反ですし、アリストテレス的市民観をもとに、ハンナ・アレントが「あらわれあい」と呼ぶ、何度かすでに言及してきた関係、つまり言葉と行為によって互いに人格的シミュレーションを心中に行えるほどに知り合っているという関係性の中にあるのが、もし彼女の主張のように人間らしい人間であるということならば、フランス革命で成立した政治的社会人たちは、政治参加する権利を平等に与えられているとはいえ、アレント流には人間らしい人間とはいえませんし、じつはこの意味での国民同士の間には、あらわれあいで想定されているような双方向的な知り合い関係は、そもそも最初から可能性自体がありません。国民という人間集団は、いまさら言うのも気が引けるくらいですが、原理的に見も知らぬ第三者同士という関係性の中にあります。

議論のこの地点からは、ほとんど八街といいたいほどに様々な議論に入り込む道が開けていまして、たとえばベネディクト・アンダーソンが有名な『想像の共同体』で展開した議論とか、それを批判的に検討したアントニー・スミスが『ネーションとエスニシティ』で展開した議論とか、さらには、これもある意味ではアンダーソンの議論につながってくると思いますが、ルソーが用いた市民宗教という概念をアメリカの宗教社会学者ベラーが大統領について展開した議論とかも、面白いと思います。じっさい現時点での僕は、どの議論にも関心をもって追い続けていて、とくにと言えば、先にも触れた日常とか安心というものがどう成立しているのかという問題に、シヴィリティの概念を手がかりに取り組んでみようと思っています。それがまだ一番論じられることの少ない、しかしきわめて重要な領域だと思われるからですが、この問題について何らかまとまった形のご報告ができるのは、まだかなり先ということになりそうです。

さて、次にやっと第二部です。お忘れかもしれませんが、ソウルの話しです。キリスト教の、人間全てが最後の審判を受けるためにいったん復活するというあの教義には、ソウルが関わってきます。というのは、復活するのは死んだ人間の同じ肉体であり精神なのか、という問題が生じるからです。ロックは、そこで有罪か無罪が決まる以上、現にこの世でそうであるように、行為主体として責任を負える状態で復活するのでなければ意味がない、と考えます。犯行時に責任能力がなかったと判定されれば、現在でも罪を問えないわけですから、これは僕たちにも納得できます。しかしそうすると、イスラムでも最後の審判をいうわけですが、このことは問題になっていないのを、どう考えればよいのでしょう。たとえば『コーラン』は、「お前たちはふと目覚めて、自分はもうひと月も眠っていたのだろうかなどと言いあうかも知れないが、何十年も死んでいたのだ。そのときになって悔い改めても、もう遅い」などと頻繁に言うのですが、いったい人生のいつの時点の行為主体がよみがえるのでしょうか。だいたい健康で五体満足ならば死ぬことはないわけで、戦いや老衰や病気など、何らかの原因があって死ぬわけですし、老齢が進んでいわゆる認知症になって死ぬ人もいるわけですね。だから、死んだときの状態でよみがえるなどという無邪気な想定は無理であって無意味なことが、すぐに分かります。首がないとか手足がないとか、自分の犯罪行為をおぼえているどころか一切の判断力を喪失してしまっている状態でよみがえらせてもらっても、たとえば首や手足が無ければ、天国に行く側に裁いてもらっても嬉しくも何ともないはずですし、認知症なら行為主体として実質がないだけでなく、裁かれていること自体を認知しないでしょう。そうでなくても、たとえば病死や老衰死は、病気が進み老化が進んでの死なので、そもそもよみがえったとたんに死ぬしかない、ということになります。ただし、こんなふうに理詰めに考えるとおかしいことはいっぱい出てきますが、先ほど言ったように、イスラムではいっさいこういうことは言いませんし、キリスト教でもじつは、ネオプラトニズムが入って魂と肉体を分けて考える伝統が出来るまでは、問題になっていません。滅ぶことがない魂と滅ぶべき肉体とで人間はできあがっている、と考えるのでなければ、とくに哲学的な悩みを抱えなくても済むようですね。つまり神は全知全能なのだから、人間がわざわざ頭を悩まさなくても良い、ということなのでしょう。たとえばこの伝統以前に思索していたテルトゥリアヌスは物質主義者であって、じつにあっさりと全人格がよみがえる、としています。彼は先ほど言及したロックと同様forensicに考えて、そうでなければ審判を受ける意味がないと判断し、それ以上考える必要を認めないわけです。しかし滅びる肉体に対して不滅の魂というものがあると考えると、話はまったく別になります。魂が不滅であるためには、extensionも内部構造ももつことができません。なぜかというと構造物はcompositionであって、それは必ずdecomposeするからですね。そしてextensionをもつ存在は分割することができるので、やはりかならずdecomposeすることになりますから、魂は空間的には無でなければなりません。しかし思惟する能力や人格機能といった機能を果たすならば、実質つまりサブスタンスでなければなりませんが、そうなると、immaterial subustance without extensionといったものを想定しなければなりません。実際、そういうふうに考えるのがキリスト教神学では有力になってしまうのです。僕は論理の遊びのようなことがとても好きなので、自分自身がこの問題に引っかかってしまい、何冊も関連書を読んで楽しみましたが、僕にはただ遊びとして楽しくても、キリスト教の伝統の中では千年以上も連綿と実際にこの問題は真剣に考えられ、論じられてきたのです。魂というものが思考し行為しする主体である人間を存在させているのであって、その魂は不滅であると考えれば、やっかいな問題の、全てではありませんが、かなりの部分が扱いやすくなるのも事実です。たとえば、同じ肉体が蘇らなくても、肉体は本質ではないので、それは全能の神が適当な材料で再創造すれば済むことになります。

そうでないと、いったん塵に還ってしまった肉体を再びどうやって作るのか、神といえども材料が必要なはずですが、そこが解決されません。というのは、物質循環の思想では、塵に還った肉体は何度も材料として再使用されると想像されるからですし、そうなると特定の肉体には無数の過去の死者の塵が材料として混じり込んでいることになり、一斉に全員が蘇ろうとしても材料が足りない、ということになります。また人を食ったオオカミを人間が食べると、オオカミの肉を作るのに使われた人間の物質が別の人間の材料になってしまうことになりますから、これも困ります。こういった議論はすべて実際に行われたものですが、そんなわけですから、蘇る肉体が英語で言う numerically same でなくてよい、つまりまったく同じものでなくてもよいとなると、ずいぶんと助かるのです。しかしそうなると、それはそれでまた、別の問題が生じるというふうに論理は巡って、果てしがありません。

今でも、妊娠中絶絶対反対派である人々にとっては、妊娠何ヶ月目に魂が入るのか、が大問題ですね。魂が入ればそれはもうかけがえのない人間だ、と考えるわけですが、もちろんこういう人びとはそれほど一般的ではありませんし、そもそも近代市民社会の出現という文化現象は、神だの魂だの、つまり自分の外に存在する、といっても魂の場合は、死ねば肉体から解放されるという意味で本質的には外の存在だという意味ですが、そういうふうに外の超絶的存在から存在の意味や意義を保証される、という考え方が退いて行くプロセス、人間しかいないのだという認識、というよりこれはむしろ認知言語学で言う「事態把握」つまり construal なのだと言いたいのですが、そういう把握が自明になってくるプロセスの進行でもあります。神だの魂がなくなると、これも先にちらりと申しましたように、人間は自己定義を根底からしなければならなくなりますが、それがつまり、ここでの議論がぐるりとひと巡りすることになって、最初に少し論じた、セルフとは何であるのかということですね。神の存在が自明であってさえ、最後の審判を考えると、いったい裁きを受けるセルフとは何であるのかという問題が生じたわけですが、神もない魂もないということになると、まさに自分とは何なのだと考えざるをえません。もちろんこういう文化的変遷が一朝一夕にあるいは一斉に起きることはありえないので、ホッブズにしてもロックにしてもまちがいなく自分をキリスト教徒だと思い、そのよりどころがたとえばロックの場合には、最後の審判を信じる自分がいるということですが、だからこそ彼は、悪名高いフィッションつまり核分裂でいう分裂の思考実験をやって、無理な理屈をこねまわさなくてはならなくなります。つまり彼は、自分の中でとどめようもなく進行する脱聖化を、この点では自ら否定するといった趣きの作業を、行っているわけです。そういう意味では五月にした発表で僕が描き出したマーヴェルもまた同様の作業をしていたわけですが、そういうふうに、いわば鋭敏な文化的アンテナをもったいろんな人が似たようなことをしている状況を、僕はへそ曲がりなので文化的鉱脈の露頭 (outcrop) だと言って、それで人ばかりでなくいろんな社会現象も含めようとしたのですが、近頃流行の言葉遣いでは、むしろ cultural resonance つまり文化的共鳴ということが多いようです。cultural soundbox つまり共鳴箱などという洒落た用語を使った人もいて、たしか資料にあげてあるドロール・ウォーマンがそうだったと思います。ロックやマーヴェルが生きていたあの時代の文化状況は、そういう概念あるいはイメージで把握するのが、とくにふさわしいのかもしれません。しかし、僕の理解では、一般に文化現象としての社会の変遷とはそもそもそういうものであって、このイメージを延長するならば、いろんな音が鳴り響くなかにいろんな風に響き返す共鳴箱としての人間があり現象があって、そのうち次第にある音あるいはある和音が主たる地位を占めてくるが、やがてそれも退いて別の音あるいは和音が主に強く響くようになる、といったイメージを、僕はそれに抱いています。とはいっても、響き合っているというとどうしてもハーモニーを連想して、自分が把握している現代という時代には合わないのが嫌で、それで僕は露頭などと言う言葉を使ったのではありますが。これが、こういった事柄について、現在の僕がたどり着いているところです。

次に第三部ですが、これは一見したところ、文学でもなければ十七世紀でもありません。きわめて一般的に、というよりむしろ近代の先にある現代あるいはポストモダン状況の中で、civicness と civility の関係について考えますが、じつはそこから初期近代社会を照らし返すことが出来れば、と思っています。

さて、そこにあるようにキムリッカは、civility は civicness の苗床ではない、そういうふうに言われているけれどもそうではない、と言い切っています。彼は、多文化社会・多元社会のなかでのマイノリティーの問題を集中的に考えている人なので、そういうことになりますが、本当に無関係なのでしょうか。僕にとっての問題はそういうことで、そうではない、やはり苗床的なものであるのだ、というのが僕の答えです。スーパースターに対して反論するのは無謀なようですが、じつはそうでもなくて、ちゃんと立論ができると思いますし、むしろキムリッカのような政治理論家あるいは政治哲学者たちが一般に陥りやすい、過ちと言うよりむしろ罠あるいは盲点のようなもの、それは一般に彼らが十八世紀以前の歴史をあまり考えないというところからくるのだと思いますが、それをある程度指摘できると思います。

キムリッカの場合も、たとえばイスラム集団とキリスト教集団が同じ大社会に存在するとした場合、それぞれの集団内部には、先に述べたような仲間確認のための自明のメッセージシステムとしての civility があることをまず確認します。それがあるからこそ、じつは両者が相互に相手を異物あるいは他者として敵対的に認識するわけですが、両者に共通するような civility システムを作ることが重要だ、とします。当たり前ですね。この議論については、一つはそんなことが出来れば誰も苦労をしない、ということが言えますが、今ひとつには、そんなことはすでに実現できているではないか、ということも言えます。内戦に突入する前のコソボでもティミショアラでも、あるいはルワンダのキガリでも、それは実現できていたのです。けれどもいったん決定的対立が始まってしまうと、そんなことを誰ができるか、という状況が生じるわけです。これは歴史に無数に例があるわけですね。じつはロールズの有名な重なりあう合意というのも、同様の問題を抱えています。こういうことがあるので、政治哲学者たちはやたらと面倒な議論を繰り広げるが、けっきょくのところ、人間がみんな善人で立派な人ばかりなら世界は平和になる、と言っているのと変わらない、というジョークがあるのですが、これは、すこし本気で政治哲学をやってみると、プラトンの哲人王もカントの世界市民も、そう言われてしまう余地はあるわけですから、あまりうまく笑えません。しかし、今の場合、キムリッカが civility の概念を普遍化して、「自分がされて嫌なことは人に対してしないでおきましょう」という程度にしていることに、僕は問題を見出します。civility はあくまで西欧近代社会の概念として、政治的にオートノミーを備えて政治に参加する個人がつくる社会についてのみ、厳密に適用すべきだと僕は考えます。というのは、見も知りもしない第三者たちに対して自分たちと等しい尊厳を認める態度がとられる理論的余地を、そこにしか認めることができないからです。おおげさなことを言うようですが、民主主義とかシティズンシップをめぐる歴史学の常識として、人類はただ一度しか、つまり東地中海文明に属する古代ギリシアでしか、政治的に平等な個人たちが自らの社会を自主運営していくという意味での民主主義を発明していません。典型的にはそれはアテネですね。といってもじつはその真相は、たとえば古代アテナイの専門家である歴史家フィンリーがその著書 *Democracy* で描き出すようなすさまじいものであるわけですが、ともあれ、そこで人類史上一回きり発明され実施された社会原理が、これは先にも言及したリーゼンバーグがあとづけていることですが、ローマ帝国やキリスト教中世を生き延び、ルネサンスあたりから復活しはじめて、ついにフランス革命に至るわけです。リーゼンバーグは主に大陸を問題にしますが、もちろんイングランドにも同様のプロセスを見ることはできて、フランス革命で一気に国民が誕生してしまうというのとはずいぶん違ったプロセスで、いわばイングランド型市民が誕生しています。というよりも、フランス革命より百年も前にその文化現象は生じるのであって、それが十七世紀ということになります。どちらにしても、そこに姿を現し始めているのは、第三者に共感しうる人間を作る装置でもある社会であって、そのことが、この話しの文脈では決定的に重要であると僕は思っています。もちろん事はそう単純ではなくて、その社会は人種差別や植民地といった問題をも生むわけで、そういった僕たちから見るとまさに目を剥くような矛盾でしかないものは、たとえば人間は生まれながらに平等だとするアメリカ独立宣言を一人で書いたジェファーソンが奴隷所有者だったり、ロックは奴隷貿易に投資していたり、フランス革命の理念的支柱の一人だったルソーが女は男のためにある公言する人間だったりするところに体現されているわけで、そんなことを否定するつもりは、僕にはさらさらありません。しかしながら、テイラーも指摘していることですが、イングランドやフランスに生まれた近代市民社会においては、イングランドでは十八世紀の間に、そしてフランスでもそれほど違わない頃に、第三者の苦痛を受容しないメンタリティーをまさに市民たちが持ち始めるのであり、それが、英語で言う civility の根本にあることを見逃すわけにはゆかないのです。社会メッセージとしてのそれは、過剰な挨拶儀礼に現れると滑稽であったり、非常に多くの場面で偽善的であったり、あるいはブルデューの『ディスタンクシオン』を引き合いにして示唆したように、水平化した世界像を獲得したからこそ、卓越化戦略に血道をあげるという現象を引き起こすので、それ自体を皮肉な目で見たくもなります。しかしなお、そういったことにもかかわらず、それは、まったく見知らぬ第三者にたいして、たんにお互いに人間であることだけを必要十分条件として共感と同情を寄せることができる人間という、人間の歴史を考えてみれば驚くべき存在を、文化として最終的に作り出すことに成功したのです。

じつは昨年僕の指導のもとで卒業論文を書いた女子学生が、途中からは自力でこの問題を考え始めて、たとえばスカートのまま地べた座りをする女の子たちや車内化粧する若い女性たち、またコンビニのまえで座り込む若者たちといったcivilityの希薄化といえるであろう現象に、政治への無関心つまりciviceness の希薄化があきらかに結びついていることを取りあげ、その現象を、「市民性に鬆が立った状態」、と表現しました。関西人なら茶碗蒸しを連想して鬆が入った、というところですが、関東人である彼女は、熟れすぎた大根を連想して鬆が立った状態、とイメージしたそうです。彼女の分析は、まさに自分たちの世代が陥っている文化状況の一面を、civilityを喪失しつつある状況にあり、それがcivicness の崩壊を導きつつあると結論づけたものでしたが、それがきわめて鮮やかだったので、卒論としてはじつに珍しいことに大きな反響を呼び、多くのとくに女子学生が、あれを読み直したいと僕のところに言ってきました。そのことは、おそらく彼女の、そしてもちろんそういう見方は、彼女は彼女で独自に到達したとはいえ、本質的に僕自身のものでもあるわけですが、その基本的な正しさの少なくとも傍証になるのではないか、と僕は考えています。というわけで、僕はキムリッカの断言に異論があるのですが、といって彼に対する基本的な敬意を失っているわけではなく、彼は依然として僕にとっては大切な論者です。

というところで、いちおう話しを終えます。ずいぶん面倒な話しをずいぶん長時間にわたってしてしまいましたが、ここ数年間の僕はだいたいこんなことを考えている、といった具合のご報告でした。話しきれなかったことがまだたくさんあるのですが、それは資料の中の触れることができなかった文献ということでもあります。参考にしていただければと思います。きょうお話ししてきたことが一部をなすような面倒な把握が、僕の中ではたしかに一つの巨大な塊のようになって一体性をもって存在してはいるのですが、いわばその内部見取り図が頭に突然浮かぶといった好都合な現象が今回は起きてくれなかったので、ごちゃごちゃとした話しになってしまいました。僕自身も大変でしたが、皆さんも大変だったにちがいないと思います。耐えて最後までお聞き下さって、本当にありがとうございました。

六　翻訳のすすめ

この発表では、翻訳という営みがそれを行う者にとってもちうる意義・意味について自分を例に語り、それを踏まえて、近代という文化現象について一つの考察を提示します。皆さんと私とは厳密には専門分野が違いますが、理系に比しては同じく文系であって、人間とその文化への飽くなき関心を共有していると信じます。あらゆる分野において学際性が求められる今日、その共有部分はさらに広がり深まらなくてはならないでしょう。そのように考えて、この発表を準備しました。

さて、私にとって翻訳とはなによりもまず、テキストをよりよく理解するための手続きです。場面としては三種類あり、一つは、英語で何かを読んでいて、これは自分の中に取り込んでしまいたい、と強く感じるときです。数行、数十行から、長くても論文一編程度。第二には、本を読み始めてこれは凄いと感じると、読み方としての翻訳に切り替えることがあります。一番最近の例はのちに触れるチャールズ・テイラーの主著*Sources of the Self*で、四、五十頁読んだところで最初に戻り、完全に理解できただけを日本語にしながら、本文五百頁ほどを三年たらずで読みきりました。第三は、すでに読んだものをその方式で読み直す場合で、私が翻訳出版してきたマーヴェルの作品集や書簡集は、すべてこの例です。

ところで私は、テキストの内容を自分のものにしたい衝動を、よく食欲として語ります。翻訳は自分がその美味なり栄養を求めてやるわけですが、このとき私の中でどういうことが起きているかを考えると、英語と日本語は非常に異なる分節システムですから、そのどちらにも納まらないかたちの把握、そこからは英語にも日本語にも等距離であるといった体の把握が、言葉を自覚的に用いる心の層を浅いと表現するならば、そのいわば深いところ、つまり、言葉の厳密な意味においては分節化されない認識の圏域に、成立しているはずです。私の考えではそういう把握が自分の中に成立することが本当に理解するということであり、私はいまそれを食べることとして語ったのですが、この手続きを私は長年の間に身につけました。意識的に発動し維持することはできるものの、稼働メカニズムあるいは機序は意識されえないような心的プロセス、といえるでしょう。このプロセスは、認識主体としての自分にとって日本語との関係と英語との関係がほぼ同じであることを前提としますが、たしかに、心の深さという概念を受け入れるならば、それが成立する特殊な深さの帯域があるように思えます。面白い問題ですが時間がないので、自分の経験から語ることで議論に代えます。

英文学者としての私の主たる研究対象は、アンドルー・マーヴェルという十七世紀イングランドの文人政治家であって、これまでに、彼の詩集と書簡の全訳、そして有名な散文論争作品を翻訳出版してきました。ところが、書簡ではなく作品についてですが、マーヴェルを読んでいるのか吉村を読んでいるのか分からなくなるときがあるという、ある意味では不思議な評価を、一度ならずいただいてきました。お手元の資料中、私のＨＰの内容をそのまま印刷したものにも、翻訳では憑依現象めいたことが起きると書いてありますが、心霊現象で何かを説明しようというわけではないので、ご安心ください。

ともあれ、自分としてはいま申し上げたように位置づけている翻訳という営みを、私は三十年以上も、ほぼ毎日続けてきました。一貫しているのはマーヴェルですが、他にも、そのときどきの私の学問的関心に応じて、訳しています。ところが、その関心というか知的食欲自体には当初から、学際化せざるをえない事情がありました。というのも、マーヴェルは、メジャーな抒情詩人としては英文学史上に唯一の例ですが、後半生は抒情詩を放棄して下院議員つまり政治家として生きたのです。その抜群の文才は、王政復古時代の代表的な反宮廷派政治家の一人として、かなり過激な文筆活動に活かされていました。抒情詩という私の世界から政治という公の世界への切替があまりに完璧なため、まるで異なる二つの人格が一つの肉体を引き継いだかのようです。そのために、かつては世界中のほぼすべての英文学者、そして我が国ではいまだに大半の英文学者が後半生の彼を無視しており、いわば片目をつぶった状態で、彼の立体的人格像が見えないと言い続けています。しかし私は大学院時代から、彼の人生全体を一貫的に説明できる視点に執着しましたから、文学研究の世界から社会科学的な研究の世界へと、越境を続けてきました。山田さんとの出会いも、ここに招いて頂いたのも、いわばそのおかげです。しかも、ここ十五、六年は学際性そのものを追求していますから、翻訳してきたテキストも、神学や哲学から社会学や歴史学などにまで及びます。政治哲学の分野に限って有名どころだけをあげても、ロールズやドゥオーキンやガットマン、さらにはハーバーマスやキムリッカを、それぞれ相当量訳しています。公刊する気がないので作業結果はＨＤに蓄積されてゆきますが、じつはgrep検索を念頭においてテキストファイルにしてあるので、データベースとして十二分に活用できています。

一日に訳す量は僅かですが、毎日最低一ページ程度は訳しますし、長期休暇中には十頁を訳すことすらありますから、一年では原文で五百ページを超えます。したがって、大著もいつのまにか完訳ということになりますが、完訳しても世に出す気になってから出版社を探すので、問題が生じることもあります。たとえば先にも言及した *Sources of theSelf* ですが、訳了したとき、なにしろテイラーの主著ですから、訳者の義務として出版を考えざるをえませんでした。大著にもかかわらず出版社はすぐに見つかりましたが、思いもかけない事情が発覚して事態が停頓してしまい、いまだに進展が見られません。

といったこともありますが、愚痴は止めて元の話題に戻りますと、多種多様なテキストを訳してはいても、先に触れた「憑依現象のようなこと」が起きるためには、尋常ならず深く長いつき合いが必要です。私の場合その相手はまずマーヴェルですが、テイラーについても似たようなことが起きました。著者と訳者のこうした関係は、ハンナ・アーレントが『人間の条件』で「あらわれあう」関係と名付けたものに近いのでしょうか。もちろんほんものの双方向性はありえませんが、しかし人は、たとえば好きな詩人の作品を読んでいるとき、そう表現するしかない経験をしないでしょうか。これは、トドロフの「世界は連続している。だが言葉は……その連続性を裏切っている」[1]という名言に倣って言うならば、人格というものははたして分節化しきれるのか、つまり言葉に収容しきれるのか、という問題にもつながっています。長く深く付き合うあいだに、心の、言葉に収容しきれない深さがもつ形あるいは姿とでも言っておくしかないものが、自然と把握され自分の中に現れてくることを、私たちは時として経験しないでしょうか。

いまのように、人格ははたして分節化しきれるのか、という問いを明示的に立ててみれば、その無理はただちに了解されます。ここで一歩を進めて、アーレントの言う「あらわれあう関係」を、お互いの人格像を、それによってあらゆる状況を想定したシミュレーションができるほどの深さと正確さで心中に抱き合っている人々の関係、と言い換えることができないでしょうか。分節化されないけれどもお互いについての把握あるいは理解というしかないものが共同体の個々の人々のあいだに成立していて、しかもその関係性が社会学的な意味でのノームとしての自明性を備えていれば、死を迎えた個人も多くの人の心にまぎれもなく生き続けると言えるでしょう。ただしここで私が把握とか理解と言っているのは、英語ではconstrualであって、認知言語学では「事態把握」と訳している言葉です。おおむね、部分から推測によって構築された全体像、といった意味で用いられていますが、私にとってマーヴェルとテイラーが特別になったのは、彼らの特別な言葉との長く深い付き合いのために、彼らの人格のあるフェイズのconstrual、つまり「分節化されない把握あるいは理解」を私が得た、ということですね。先にも援用した「心の深さ」という概念はテイラーによるのですが、その把握を「無限の深さをもつ像」と表現するならば、その像はやがてある種のシミュレーターとして働き始めます。重要なのは、私にとってそれがあくまでブラックボックスにとどまる、という点です。そして、私の心の深みにあるブラックボックス領域は、別の人格のやはりブラックボックス領域を、メカニズムはわからないながらも――とはいえ私が思うには、人間がもつ根源的なミメーシスの衝動と能力によるのですが――把握了解しているらしい、ということです。そもそも人が人を理解する、あるいは人格像をもつということは、それがいかに浅く不十分であっても、基本的にはこうしたことではないでしょうか。

　ともあれ、こうした関係が非常に深く成立すると、理屈ではどうにもならないはずの曖昧さを含む箇所でも、書き手が込めようとした内容が直観されてしまう、といったことが起きます。もちろん研究者としての私は、意識的な調査と分析を重ねて蓋然性の高い解釈仮説を得る作業を日常的に行っていますが、これはそういうものではなく、自然に分かるとしか言いようがありません。考えてみれば、さきほども示唆しましたように、私たちはそもそも、「あらわれ」あうにはほど遠い浅さとはいえ互いにその種の把握を抱いて社会生活を営んでいるはずですが、心の深さという概念を持ち込むとここには、人間のlegibilityつまり可読性という面白い問題が見えてきます。文学理論の先端では、小説の時代ともいわれるイングランド十八世紀についてこの種の問題が議論されていて、いわゆるキャラクターを巡る刺激的な理論展開もあります。政治文化も文脈として扱われるのが普通ですから、それではその方面に学際化してみようかという方々のために、読みづらい英語で申し訳ないのですが、とても面白い一冊を資料に紹介してあります。[2]

　さて、このような議論はもちろん、マイケル・ポランニーの有名な暗黙知という考え方につながりますが、ご承知のようにポランニーの議論は、文化現象としての近代が拠って立つ宇宙認識の誤謬性を根底的に告発するものです。私は私なりのルートで、述べてきたような考え方に至りましたが、これは相当程度、彼のいう暗黙知と重なるものです。そして、これもまた私は独自に自明性の問題と表現していますが、現象学的社会学で有名なシュッツの弟子であり宗教社会学者であるルックマンの「見えない宗教」という考え方にも、接続しています。

ルックマンの考えでは、人は自分が生まれ入る社会の文化システムが拠って立つ宇宙像、つまり分節化システムを自明の尺度として吸収し、社会的動物としての人となります。そもそも尺度とは他を計測し位置づけるためのものであり、自らが客体として計測され位置づけられることは原理的に想定しませんから、その意味で認識主体には見えません。ルックマンはそれを宗教の祖型だと言うわけですが、この考え方を、西洋文明がたどり着いた近代という文化システムに適用すれば、このシステムは、啓蒙思潮に端的に見られるように、すべてを分節化し尽くす衝動、すべてを意識の明るみの中に引きずり出し秩序の中に明示的に配置して意味づけ意義づけたいという衝動つまり方向性を、見えない宗教として、したがってそれ自体を客体化し反省することができないものとしてもつように、私には思えます。もちろん、近代に行き詰まりを見、その根本的原因の一部としてこういったことを指摘する声も、西洋内部から、アドルノら以前にも、早くはたとえばマルセル・モースの『贈与論』の終末部などがそうだと思いますが、聞こえないわけではありません。しかし、西洋の外側に視点を持ちうる私たちこそ、これについてはきちんと議論すべき責任があると私は思っています。

さて西洋近代というと、山田さんと私が共同で訳したロックがまず想起されますが、述べてきたような考えが私の中で明確化した契機の一つは、その仕事で得たロックとのかなり深く長いつき合いです。私は昨年度の日本英文学会年次大会でも招待発表者の一人でしたが、そこでは、“The Coronet”というマーヴェルの小さな抒情詩ひとつの解明のために、テイラーとロックを登場させて、壮大な文脈を構築しました。具体的に言うと、テイラーの*Sources of the Self*からロックを論じる章の冒頭を提示し、発表内容の裏付けとしたわけです。その章のタイトルは“Lock's Punctual Self”つまり「ロックの点としての自己」ですが、これは、人間は白紙として生まれてくるというロックの主張を、さらに過激に二次元から一次元の点にして表現したものです。テイラーの複雑な議論の紹介はできませんが、彼は、認識主体でありながら同時に自らを客体化し操作対象とするこの自己を、‘disengaged self’、私の訳で言えば「切り離された自己」と呼び、そうしたセルフが成立するのが近代だとするわけです。先程来の私の言い方で言うと、全てを意識の明るみに引きずり出して明示的な秩序の中に位置づけ・確認し、さらに操作しようとする、ということですが、そのように言い換えてみると、これはもちろん啓蒙思潮につながってゆきますし、あえて批判を覚悟で単純化すれば、文明系譜論的には古代ギリシアに遡りうる衝動だとも言えそうです。

そのような衝動が文化システムの原理部分に組み込まれていた古代ギリシア文明では、ご承知のように、一見全てが明澄明解な輪郭と配置をもつその秩序宇宙＝コスモスはいわば薄い膜であり、無限の闇でありカオスであるものをかろうじて覆うにすぎません。コスモスとしての意識世界は、ユング風に言えば大海の小島でしょうし、趣向を変えてハイデッガー風のイメージを用いれば、「深く暗い森のうちに開けた小さな空き地」でしょうか。そうしたきわめて危ういコスモスとそれを呑み込もうとするカオスという構造を古代ギリシア文明において表象された宇宙総体がもっていたことは、たとえばアポロドーロスが伝える原型的ギリシア神話や、それを素材とするいわゆるギリシア悲劇を見れば、容易に了解されましょう。そのような方向性を引き継ぐからこそ、文化現象としての西洋近代が煮詰まったところに、フロイトが現れる必然性があったように私には思われます。私の理解では、彼は、光源としての理性とそれに照らし出された意識世界、さらにその光の中で対象化された相対配置としての秩序に置かれて見られ、そのように見られることで存在する自我というコスモスの下には、未分化なエネルギーの闇の世界がある、という把握にたどりつかざるをえませんでした。彼が原型的ギリシア神話・伝説からオイディプスやエレクトラといったコンプレックスの名を借りてきたのは、まさにむべなるかな、です。じつは、ポランニーのいう暗黙知も、人間の心について基本的に同じ構造を提示するわけですが、優れた自然科学者であったポランニーは、動機や生命力の問題よりも、むしろ私たちが知性や理性の働きと位置づけているものについて、啓蒙的近代文化が自明とする人間の心のモデルではまったく説明できない、と喝破するわけです。私には、彼が説くところはきわめて説得的に思えます。

さて最後のステージですが、私がテイラーの主著をしゃぶり尽くすことにしたのは、読み出してすぐに漠然とながら、そこに西洋文明の本質が露出していることが、直観されたからです。人間離れした教養と繊細な感受性をあわせもち、かつ多岐にわたる思想の流れをその複雑さを保存したまま明解に整理統合してゆく彼の知的キャパシティーに驚嘆し続けながらも、徐々に私の中で明確になってきたことは、彼は結局のところ、近代に至る西洋の人間の心の変遷を、といってもヘーゲリアンなので個人レベルの話しではないのですが、普通は意識することさえ難しいような深いレベルにまで触覚を下ろしつつ、それにひっかかってくる全てを意識の明るみに引きずり出して、因果関係のシステムの中へと配置し分節化しているのだ、ということです。しかし、心を分節化しきることはできないという、ある意味で自明の絶対的真実がある以上、そうした彼の営為は、僭越ながらすこし滑稽で悲しくもある比喩をあえて用いれば、絶対に皮をむき終われないどころか、皮を剝くほどにいわば肥ってゆくタマネギの皮をそれでも剥き続けずにはいられない性《さが》が人の姿をとったかに見えてきます。

もちろんそれは、巨人的知性による壮大な闇への挑戦であって、本人は意識しないとしても本質的にギリシア悲劇の主人公ですから、私は訳しながら最後まで感動し感嘆し続けましたが、その途次において、私の中で他の巨人的知性たちが自ずから前景化してくるのも、じつに興味深い体験でした。たとえば、分節化の徹底否定としての禅があらためて意識されましたが、これは井筒俊彦先生です。西洋とこの面での東洋の文明論的対照性はまことに鮮烈です。さらに、私が若い頃に出会って、ある意味で研究者としてのありかたを決定されてしまったフッサールの現象学は、西洋文明のそうした本質の、露出どころかほとんど結晶であると思えます。そのことは、彼の『ヨーロッパ諸学の危機』を読み返しているとき、はっきりと自覚されました。じつは私たちがその専門家である学問研究は、メソドロジーから棲み分け方にいたるまで西洋文明において成立したものですから、ギリシア悲劇的な状況つまりヒュブリスやハマルティアの問題は、人ごとではまったくありません。しかし、そのことは認めつつも私としては、現に一種憑依現象的な状態を作り出し維持しながらの翻訳作業が可能であることを我が身において確認できる以上、示唆してきたことの繰り返しになりますが、カオスと呼ばれるものはじつはたんなるカオスではないという認識の重要性を、近代そのものを克服する一つの契機たりうるものとして、強調しておきたく思います。それはフロイトが見たよりはるかに秩序やまとまりを傾向性としてもつものであって、いわゆる理性ではないにせよ、ある意味では理性より本質的に神に近い力をもつと考えうるように思います。こんなことを考えるようになったのは、じつは神学者にして政治学者だったラインホールド・ニーバーとの出会いからなので、私が次に食べ尽くすのは、あちらこちらから急かされているマーヴェルではなく、ニーバーの一冊かもしれません。

ほんとうに最後に、尊敬する白川静先生にどうしても触れておきたいのですが、先生はいつも、そしていつまでも、古い文字のかたちをなぞっておられたそうです。もちろん素人がしても無意味なのですが、古代中国世界についての先生の怪物的な知識と理解は、それが蓄積されてゆく過程で、さらに完全で立体的な、分節化されない形の、英語でいえばインテグラルな文明・文化の像を、暗黙知の領域に形成構築し続けていたはずです。先生が文字の形をなぞられ、そして、そうしていると分かってくるのだとつねに言っておられたのは、そのいわばシミュレーションモデルに焦点を与え稼働させるための手続きではなかったのでしょうか。そう考えると、こうしていると分かってくるのだというお言葉も、僭越ではありますが私には、自分なりのおそらくは同種の体験であろうものを手がかりにして、理解できる気がします。

白川先生のお仕事もある意味では翻訳でしょうし、広い意味での翻訳には、我々文系の研究者が自分の中の暗黙知と生産的につながる契機になりうる要素がいろいろとあるように思えます。そういうわけで、資料に入れた自分のHPからの資料のタイトルと同様に、この発表のタイトルも、「翻訳のすすめ」とさせていただいた次第です。ご静聴ありがとうございました。

註

（1）ツヴェタン・トドロフ著、岡田温司・大塚直子訳『個の礼賛』（白水社、二〇〇二年）八八頁。

（2）Deidre Shauna Lynch, *The Economy of Character. Novels, Market Culture, and the Business of Inner Meaning* (The University of Chicago Press, 1998).

七　ホモ・サピエンスとしての自分を考える(1)

知識のひとつの領域を知悉しようとしたら、それに隣接する諸領域を知悉しなければならない。かくして、何かを知るためには全てを知らなくてはならないのだ

——オリヴァー・ウェンデル・ホームズ

これから、いわゆる最終講義というやつをやります。なにしろ、最初に赴任した兵庫県西宮市の女子短大から数えると三十八年間、おおむね四〇年という長きにわたって大学で教えてきたので、最終講義なるものも、何度か聴いてきました。ついに自分の番になったかという多少の感慨がありますが、それはともかくとして、自分が聞いてきた限りの最終講義はどれも、研究者としての自分が歩んできた道筋を、自分があげてきた成果の紹介とともに語る、といったものだったように思います。今日もその形式を踏むとすれば、僕の本来の研究分野は英文学で、なかでもアンドルー・マーヴェルという十七紀イングランドの詩人が、英文学者としての僕の中心的研究対象でしたし、僕が彼の研究では日本での第一人者ということになっているので、自分はなぜマーヴェル研究をするにいたったのか、それでどういう成果をあげてきたのか、といったことを話すのだろうと思います。

ところが、このマーヴェルという詩人は、いわゆる玄人好みの極致であって、十七世紀英文学の、しかも詩の専門

家であってさえ、特別に難解だとして敬遠しがちです。そういう詩人について、そしてその詩人と僕との関わりについて、文学部でも英文学科でもないここでお話ししても、まったくの一人よがりでしかないでしょう。

というわけで、自分の最終講義はどうあるべきかをあらためて考えたのですが、気づいてみれば当たり前のことながら、自分がいま語りうるいちばん重要なことを語る他はないわけです。で、それは何かとなると、奇異な感じをもたれたかもしれませんが、題目にも入れたように「ホモ・サピエンス」について語り、加えて、最終講義は多少とも、これからのことも含めて語り手が自らを語る部分が必要な気がするので、その観点から語ってみるということにしました。しかし、それにしてもなぜ、いま、ホモ・サピエンスなのか。

ということで話を始めますが、その前に、そもそもは英文学者の僕が、おこがましくもなぜホモ・サピエンス論の現在などを語ろうとするのか、そして語れるのかといったあたりの事情について、すこしだけ申し上げておきます。研究者としての僕は、我ながら病的と言わざるをえないほど、一貫して学際的であり続けてきました。その学際的関心の対象は、思想・哲学・歴史・神学といった人文系だけでなく、先ほど言及したマーヴェルが国会議員だったことに関わりがあるのですが、政治一般や法律関連の事柄、制度史なども、最初から専門の一部とみなしてきました。そうなると、当然ながら社会系の学問領域一般も専門的関心の対象ですし、事情があって大学は文系に進みましたが、知的素質から言えばまちがいなくいわゆる理系なので、自然系の学問領域にも強い関心を抱いてきました。長らくそういうかたちでやってきたので、それぞれの領域について、かなりの専門的知識や理解がいつしか自分の中に蓄積されてきました。こういう事情があるので、近年になっていくつもの学問領域で新たなホモ・サピエンス像が語られ始めたこと、しかもそれらの像は互いに整合していて、一つの立体像に収斂するということに、気づくことができたわけです。そして、この新たなホモ・サピエンス像は、僕の理解では世界の未来にとって決定的な意味をもつので、いまそれを語りうる者は語らねばならないというわば使命感が、僕の中で強くなってきました。とくにここ二年ほどのあいだに僕の授業に出た学生諸君には、思い当たるところがあるでしょう。それで、本日も、こういう話になった次第です。

さて、いま申しましたように、ここ二十年から十年といった短期間のうちに、ホモ・サピエンスとはどういう動物なのかが、ドーキンスの『利己的な遺伝子』あたりを出発点とする進化論の成熟を背景に、(2) 人類学だけでなく、大脳生理学などの医学から各種言語学、発達理論から発掘考古学、さらには文化理論や国際関係論といった、とんでもなく様々な学問領域において、急速に解明されつつあります。しかも、それぞれの領域で現れてきたホモ・サピエンス像を見ていると、さきほど申しましたように、どれも、いわば同じ一つの立体の異なる切り口という関係にあるらしいということに、研究者たち自身が気づき始めていて、一部では相互に研究成果を引用したり参照しあったりし始めています。比喩的に言えば、極度に複雑な立体ジグソーパズルが完成に向けて動き出した、といったところでしょうか。僕はこの事態に、いわば上空のとんびみたいに、学問のいくつもの現場を同時に見ていたために気づくことができたわけですが、おそらくこの気づきは、世界的に見てもかなり早い時期だったと思います。これまた比喩で語れば、ちょうど、高く険しい山にいろんなアプローチで挑んでいた登山家たちが、ついに今、頂上で出会いつつある、といった感じでしょうか。しかしながら、こうして立体的に見え始めたホモ・サピエンスの新たな像、というよりいわば実像は、かなりショッキングなものです。

西洋の叙事詩伝統には、いきなり事件の核心から叙述を始めることで語りの構造を圧縮して印象を強める、ラテン語で *in medias res*、つまり「物事の核心へ」という技法があるのですが、ここではそれを利用して、時間的制約に対応しようと思います。つまり、新たなホモ・サピエンス像そのものの紹介から、本論に入ります。

まずは、僕たちの遠い祖先であるホモ・エレクトゥスが生きていた二百万年ほど以前から現在までの期間の大部分、ホモ族は一貫して狩猟採集生活をしていた、ということを確認しましょう。このこと自体はどなたも先刻ご承知でしょうが、この生活の意味するところが、近年いわばむき出しの露骨さで明らかになってきました。これまで漠然と抱かれてきた平和な人々というイメージが覆されてしまったのですが、まずその話をして、その後、それとは別の意味でやはり従来のホモ・サピエンス像を根底から覆してしまったある遺跡のことにも、触れます。まずは、狩猟採集段階の生活とは実際にはどういうものか、それを紹介しましょう。

確認ですが、ホモ・サピエンスが農業を始めるのは一万年ほど前であって、それまでは狩猟採集です。つまり僕たちは、その生活に適応する方向性をもった進化の果てに立っているわけですが、では、狩猟採集の生活とはどういうものかというと、じつは誰もが漠然と、のどかな世界を考えていました。いました、と過去形で言いましたが、じつはつい先日も京都大学の有名な学者が、本当にそうであったことが判明した、などと毎日新聞のコラムに書いていました。かりにも学者たる者がそういう与太話をしてはいけないですね。じつは、イスラエルのガットという歴史家、(3)そしてアメリカのセイヤー(4)という国際関係論の研究者が、それぞれ独立に、ホモ・サピエンスにとって戦争とは何かという問題を、進化論を基盤に据えたうえで、基本的に同じ手法で研究し、ほぼ同じ答えを発表しています。ともに戦争論ですが、両者を合わせると、反論などとにかく今は無理だと言うしかないような、圧倒的な説得力がありま す。いま触れた京都大学の学者は、そういう最新の成果を知ってさえいないわけですが、それでも一般の人たちは、偉い学者さんの言うことだからというので、信じてしまうでしょう。ほとんど犯罪行為だと思います。

閑話休題。ガットやセイヤーの結論をまとめて言えば、(5)狩猟採集の世界とは、時空間的にいろいろなヴァリエーションやローカルな展開はありうるにせよ、本質的には資源を巡って殺し合う小集団の世界でしかありえない、ということです。ただしこの場合の「資源」とは、狩りの獲物や採集される植物だけでなく、繁殖のための異性や水のある環境や捕食者のいない環境など全てを含めて、存続のために必要なもの一切を指すのですが、人間の繁殖力は文字どおり大変なものですから、かならず環境に飽和します。つまり、資源はつねに奪い合われるわけです。糖尿病が、こうした生活への適応の結果であることは、ちかごろよく言われますね。僕たちの祖先は、何十万年にわたってそうした飢餓に近い状態に適応して進化してきたので、異様に食物が豊かな今、必要がなかった食物摂取の抑制ができず、糖尿病といった問題が起きているわけです。

その圧倒的に長い過去にホモ・サピエンスが行っていたことを具体的に考えると、たしかにそれは一方で果てしもなく多様かつ複雑だったはずですが、そうはいっても原理は一貫していることを忘れてはなりません。もっとも分かりやすい、小集団間での殺しあいの必然性を、ひとつだけ紹介しておきましょうか。狩猟採集で維持できる集団の規模は、単純な狩猟採集ならば数十人、農業的要素の加わった複雑な狩猟採集ならば百人を越えたかもしれませんが、いずれにせよ、これではたちまちインブリーディングつまり近親相姦状態になります。ですから、ただそれだけの理由でも、他の集団を襲ってメスを奪う他はなくなります。今日の話の最後のあたりで、これを回避するきわめて重要で興味深い可能性に触れますが、この可能性が実現するのはよく言ってもまれなことだと思われるので、僕たちとしてはやはり、祖先がその苛烈な殺しあいに勝ち残った結果として自分がここにいるのだという事実を、けっして忘れるべきではないでしょう。そういった、互いに襲撃しあい殺し合う小集団の世界という像の基本的正しさは、どの議論もそこから出発するほかないほどに、すでに確立されたように、僕には思われます。

これは大事なことなので、もう少し印象的に語っておきたいと思います。ホモ族が現在までに経てきた二百万年という時間を、一年一ミリとして歩いてきた長さに置き換えると、二千メートル、つまり二キロメートルになりますね。ホモ・サピエンスの一部が狩猟採集から農業に移行したのは、定説では一万年ほど前ですから、最後の十メートルのところです。もちろんそのはるか以前に、たとえばハイデルベルク人が出現し、そこからネアンデルタール人とホモ・サピエンスが分かれたとされています。ちなみに、ネアンデルタール人とホモ・サピエンスの違いの一つは、後者が性差を拡大する方向に決定的に踏み出したことであるのが、近年はっきりしました。このこともいろんな議論にとって実に重要な意味合いをもたざるをえませんが、(6) 本論から外れるので、いまは入り込みません。(7) それにしてもホモ・サピエンスは、ホモ族の出発時点をはるかに振り返れば、進化してきた距離のじつに九九・五パーセントを、殺し合う小集団として生きてきたことになります。その生活への適応によって獲得してきたものを、僕たちホモ・サピエンスは、遺伝子レベルで間違いなくもっています。たとえば、戦いは、平等を原理的に排除し、権力秩序を集団に生み出します。アマゾンの奥に、まだこんなのがいたのか、というしかないような、ピダハンという小さな部族が比較的最近、見つかりました。さすがにアマゾンは広いので、この集団は他の部族との争いを避けて奥へ奥へと移動を続けてきたようです。もう消滅を目前にしたこの部族を見ると、じつはホモ・サピエンスは、先ほどから言っているような殺し合いによって知的発達を遂げてきたことが、いわば身も蓋もなく露骨に実感されます。脳が大きくなったということではなく、育児文化から社会化まで、そうした生活環境でのみ発動する能力開発システムが遺伝子に組み込まれている、ということです。戦いを一切放棄したピダハンたちは、いわば飛ぶ必要がなくなって翼を失った鳥のようなもので、もはや数を数えることさえ出来なくなっていますし、言語がどうにも奇妙なものになっていて、その奇妙さたるや、あのスティーヴン・ピンカーが、パーティに投げ込まれた爆弾みたいな言語だ、つまり言語世界の秩序破壊だ、とまで言っています。彼らだって、生まれてきた時点では間違いなく正常素材としてのホモ・サピエンスですが、彼らの文化は、他の集団と濃密に接触交渉することを回避し続けたために、そういうものになってしまったということです。[8] つまり、狩猟採集生活する小集団同士で飽和した環境にホモ族が適応した以上、牧歌的な平和や平等は、けっして自然でも正常でもないのです。

ところが、僕たちの暮らす豊かでリベラルな民主主義の市民社会、つまり先進諸国[9]を見ると、人間平等観にほんとうに自明性を感じる人びとが、ごくわずかとはいえ間違いなく存在します。自分のことを言うのはおこがましいのですが、少なくとも僕は間違いなくその例です。これは、いわゆる「瓜のつるに茄子が成った」よりも不思議なことですが、この不思議さは、ホモ・サピエンスにおける本性と文化の関係という問題の重要性を、まさに突きつけてくるものです。人間平等観は、西洋近代という文化システムが人類史上はじめて生み出したのですが、啓蒙時代でさえ、ここにもってきたこのジョナサン・イズラエルの研究[10]が決定的に証明したように、それは異端の極みでした。この現在でさえ、そうした人間観が自明性をもつどころか、ただ受容されるといった程度に通用するところさえ、どなたもご存知の通り、地球上のごく一部にすぎません。ところが、十七世紀から十八世紀というのは、さきほどやったように時間から距離に置換してみると、二千メートルの時間の旅路の、最後のわずか二十センチでしかありません。立っている足の裏さえはみ出す短さです。それを思うとき、人間平等観の不自然さ不可解さ加減が、直観されずに済むでしょうか。はたして、文化は本性に、つまりカルチャーはネイチャーに勝てるのでしょうか。すくなくとも、楽観すべき理由はない、と僕には思われます。

といわば一区切りをつけたところで、ここからは、そうしたホモ・サピエンス像の基盤の上に、いわば三本の柱を立てて、話を進めます。そして最後に、現代社会において個人がホモ・サピエンスとして生きるとはどういうことかという問題について、自分を例として考えてみたいと思います。最後のその部分で、語ってきた全体が一つにまとまって、ひとつのメッセージになればいいな、と思っています。

まず最初の柱は、先ほどまでの話とはいわば別の性質の、しかしながらやはり定説を覆す最新のホモ・サピエンス像です。これもやはり、ホモ・サピエンスとは何かを根底的に問い直せ、と私たちに迫ります。

その次の第二の柱は、すでに言葉としては出しましたし、すこし触れもしたことですが、人間平等観の出現をめぐる議論です。西欧（西洋ではありません）[11]初期近代つまり十七世紀から十八世紀のいわゆる啓蒙主義の中で出現した人間平等観は、歴史を学べば学ぶほどに奇跡だと感じられますが、その不思議さ不可解さ不自然さは、さきほども強調したように、歴史どころか視野を何百万年に広げて進化論的な見地から考えると、ほとんど異次元の鮮烈さをもって感じられてきます。というのも、歴史時代からこちらを見てさえはっきりしていますが、どこにも平等などというものは実体として存在したことがないのです。一見制度的にそれが実現されたかに見える現代の民主主義先進国社会においてさえ、実体としてはそれは存在しません。この認識に立つとき、これも強調的に繰り返せば、私たちがいま、人間平等観どころか、生命平等観さえも語るようになっていることの不思議さは、いくら強調してもしたりない気がします。そのことに深く思いをいたしたうえで、ホモ・サピエンスが種として生命全体に対して負っているはずの責任について、この先で語ろうと思います。

そして三本目の柱は、今述べた問題と深くつながるのですが、ノーベル経済学賞を受けたアマルティア・センと、そのセンと親しいアメリカの哲学者マーサ・ヌスバウムがともに提唱している、「ケイパビリティー・アプローチ」という人間理解の仕方、つまり人間観です。僕自身はセンよりもむしろ、人間平等観からさらに進んで人間以外の生命も視野に入れた生命平等観を打ち出しているヌスバウムのほうに、自分がそれに近い思想的立場に立っていることもあって深く共感しており、このアプローチを日本向けに発信したくて、それが全面的に展開されているこの*Frontiers of Justice*という本を、出版するつもりで訳し始めたほどです。もっとも、三分の二ほど翻訳した時点で、神島裕子さんによる翻訳が『正義のフロンティア』として出たので、翻訳作業はそこで打ち切りましたが、じつは神島さんの訳も含めて、キー概念である「ケイパビリティー」が、きちんと訳されていません。邦訳においては珍しいことではないのですが、これでは読者の理解が妨げられてしまうので、腹立たしい限りです。じつは、さきほど紹介したガットの重要な本も、訳されてはいるのですが、英語原文のタイトルは *War in Civilization* であって、戦争は文明システムの中に組み込まれてあるもの、という含意があるのに、邦訳タイトルは、『文明と戦争』です。それでは、文明と戦争は二項対立的に別物だということになりますから、言ってしまえば悪質な誤訳です。また、グループ訳によくあるように、まったく駄目な部分が含まれます。ヌスバウムの本書の場合も、ケイパビリティーというもっとも重要な言葉を、ある人は「潜在力」と訳し、ある人は「ケイパビリティー」とカタカナにするだけ、そして神島さんは「可能力」と訳しています。しかし、本来の概念内容がこんな言葉から直観されることは、絶対にありえません。僕には翻訳出版の実績がかなりありますが、僕の場合、じつは出版は結果であって、翻訳という作業そのものは、まずは自分が内容を十分に理解し自分の中に取り込むために、読み方としてのそれをやるのです。つまり、理解した分だけを、分かる日本語にするかたちに出来たときにだけ、日本語訳として確保したうえで、その先へと読み進みます。ケイパビリティーはまさに重要な概念なので、足踏みを何ヶ月も続けたあげく、「ちからの種子」と訳すことにしました。これを説明することは、そのまま、ヌスバウムやセンの概念の説明になるだけでなく、じつは彼女と彼さえもおそらくははっきり認識できていない意味の深みまでも、展開することになっています。ある意味ではそのさらに展開された概念が、今日話の目玉の一つなので、ここではそれについてお話しします。

生命はすべて、種ごとに、その種独自の遺伝子パッケージをもちます。種内の個体においては、そのパッケージに含まれていた遺伝子が、性質や能力や体質や形態として、発現するわけです。パッケージに含まれないものは発現のしようがありませんが、含まれたものでも、そのどれが発現するのか、あるいはどの程度どのように発現するのかは、広い意味での環境次第です。この点は、植物の種子を比喩として説明すれば分かりやすいでしょう。この比喩を用いると、ある種子は発芽するのかしないのか、発芽しても、葉を茂らせた植物体が完成するところまでたどり着くのか着かないのか、植物体が完成しても、花芽がつきさらにそれが開花して結実にまでいたるのか、いたらないのか、というプロセスが見えてきますね。この一連のプロセスの全ての段階のそれぞれについて、そこをクリアするために必要な特別の環境があることも、ただちに了解されるはずです。ホモ・サピエンスについて分かりやすい具体例をあげるなら、言語能力でしょうか。ホモ・サピエンスであれば間違いなく誰もが、この能力の種子にあたるものを持って生まれてきます。しかし、十二、三歳ころまでに生育環境に言語がなければ、その個体がもつ言語能力の種子は、死んでしまいます。その後にいくら言語環境が整っても、言語は獲得されません。その年齢までに母語的な言語環境が整っていれば、いくつでもいわゆる母語になります。環境にあるのが母語でなくても、というのは、たとえば奴隷としてアフリカから連れてこられた人たちは、団結すると所有者には不都合なので、言葉が通じないような組み合わせで集団を作らされるのが通例でしたが、今度はそれでは仕事上に差支えがあるため、主人たちの言語をまねた不完全で簡単な言語が生まれます。これがいわゆるピジンですね。ところが、そういった言語環境に生まれて育つ子供は、十分な大きさの子供社会があれば、ピジンから母語つまり完全言語を作り出すのです。それがクレオールですが、言語能力の「種子のちから」とは、ホモ・サピエンスにあってはそれほどに強靱なものなのです。そして、すくなくとも一つ母語を獲得していれば、その年齢を超えても、学習というかたちで母語以外を習得することができます。僕が訳語として「ちからの種子」という言葉を選んだのは、言語でなくても、生物のもつ「ちから」や形質全般について、こういった事情のあることが判明しているからです。もっとも、これからの話では、「ケイパビリティー」

というすでに一般に用いられ始めた言葉を主に使いますが、その概念をセンやヌスバウムの先を越えて展開するとどういうことが見えてくるかを、今お話ししました。いわば当店でしかお求め頂けない特別商品、といったところでしょうか。この講義を聴いてくださった方たちは、すくなくともこういう素晴らしい概念を、お土産として持ち帰っていただけることになります。

さて、三つの柱を、ざっと紹介しました。ここからはまず、狩猟採集という生活様式の真相とは別の角度からの、ホモ・サピエンス像の最先端をお話しします。こう言うと、ああ あれか、と直感した方もここにはおられるでしょうが、じつはそうしたことは、いくつもあるのです。その一つは、たとえばホモ・フローレンシスですね。二〇〇五年でしたか、インドネシアのフローレス島で、成人の身長が一メートルほどしかない人類の遺跡が見つかりました。成人でも彼らの脳の大きさはグレープフルーツほどですが、それでも彼らは火も石器も使っており、狩猟採集をしていました。それまでの人類についての定説では、脳が大きくなってきたことと知的能力の増大が自明的因果関係で結ばれていましたから、これは、いわば「ちゃぶ台返し」です。ホモ・フローレンシスが生きていたのは一万二千年くらい前までとされますが、そのはるか以前にネアンデルタール人は絶滅しています。その時点までホモ・サピエンスとは別の人類が生きていたなどとは、誰も思っていなかったので、自分たちが自明性をもって描いてきた自己像はじつは再検討される必要があるのではないか、といった反省が、いろんな学問領域で現れてきました。

ともあれ、一万二千年前のホモ・サピエンスは、新石器時代の段階にありました。石器があり火を使えましたが、土器も金属器も車輪もありません。有名なストーンヘンジが五千年くらい前のものだということに思いをいたせば、一万二千年の遠さが直感されるでしょう。しかしじつはそれほどの昔に、現在のトルコのアナトリアにあたるところで、石造の大神殿がいくつも建築されていました。トルコ語でギョベクリ・テペあるいはギョベックリ・テペと呼ばれる遺跡ですが、『ナショナル・ジオグラフィック』が一昨年の六月号だったか、特集を組みましたから、ご存じの方もおられると思います。この発掘が注目を浴びたのは、ごく最近です。二十年ほど前に、一人のドイツ人学者が掘り始めたのですが、出てきたものがあまりに定説に反するので、最初は誰も本気にしなかったのです。しかし、発掘が進むにつれ、そうはしていられなくなりました。いまでは、ネット上に写真があふれかえっています。

この発見のために、人類学ばかりか、ホモ・サピエンスに関する定説が、関係する学問領域の全域で覆ってしまいました。それで、いままさに、大変なことになっています。発掘されたのは、巨大な石材がじつにみごとに成形されて組み合わされ、平面プラン的には円形をなす神殿です。獲物に忍び寄る雌ライオンを見事に写実的に彫りだした柱さえあります。神殿はいくつもあるのですが、どれも丁寧に埋められており、そのために保存状態は完ぺきでした。金属も土器もない技術水準の時代に、どうして巨大な石材を切り出して加工し、運搬し積み上げることができたのか、およそ想像を絶します。しかしじつは、ある意味ではそれ以上に深くかつ本質的な謎があるのです。というのは、作った人びとは間違いなく狩猟採集生活段階の小集団ですが、発見されたこの神殿は、少なくとも数百人以上が数カ月以上共同生活をしながら、単独あるいは少数の指揮者のもとで共同して作業しなければ、作れるはずがないからです。殺し合う小集団ばかりのはずの世界においてなぜそれが可能だったのか、という問題が立ち現れますし、さらにそこからは、ホモ・サピエンスにとって宗教とは何か、というそれこそきわめつけの大問題が立ち現れるからです。遺跡が神殿であることは、男女の神と思われる、T字型に整形された巨石の板が中央の空間に立てられていることでも分かりますが、こうしたことからも、僕たちの見ているのが、いわゆるフォーマル宗教あるいは制度宗教であることは、嫌でも分かります。何千人という大人数が共通の神を祭り、同じ神の民としての同族意識あるいは仲間意識をもつのが、フォーマル宗教あるいはインスティテューショナル宗教ですが、デュルケムやウェーバーやウィリアム・ジェームズといった巨人たちから現代のすべての宗教学者や社会学者にいたるまで、誰も疑わなかった定説は、こうしたフォーマル宗教は、大社会が成立するときに、その社会の紐帯として出現するということであり、そしてその大社会の成立は農業の成熟が可能としたものである、というものでした。ところがこの遺跡は、狩猟採集段階だった新石器時代に、まずフォーマル宗教が先に出現していたということを、否定しがたい事実として突き付けてきます。それどころか、この大社会は神殿建設のために一時的に出現したものであるということまでも、事実として突きつけてきます。一時的というのは、生活の痕跡がまったく見つからないからですが、それにしても定説とは、完全に順序が逆ですね。そして、農業の問題もあります。というのは、千人近い人間が集まって何カ月も暮らすとなると、食料供給の問題が必然的に出てくるからです。すると、まず農業が始まってそれが成熟し、それを基盤として狩猟採集時代とは規模の違う大社会が成立し、そうした大社会の成立過程で社会の紐帯としてフォーマル宗教が現れるという、ある意味ではじつに理解しやすい定説が、見事に覆ってしまいます。むしろ、まずフォーマル宗教が成立し、そこから一時的に大社会が営まれることになり、その大社会を長期的に維持するために農業が始まった、という逆の順序のほうがありそうなことになってきたわけです。じっさい、そういう仮説のもとに狙いを絞った発掘調査をしたところ、栽培植物化の過程にあると解釈できる、ヒトツブコムギという小麦の粒が見つかったらしいようでもあります。ともかく、この遺跡のために、社会的動物としてのホモ・サピエンスにとって信仰そして宗教とは何か、というきわめて重大な問題について、まさに根底的に考え直されなくてはならなくなったわけです。

何十という小集団が一カ所に集まり、少なくとも数ヶ月間、統一のある大社会を形成していたならば、すくなくともそのときそこには、殺しあいのない神聖平和が成立していたことは自明なので、そこから考えなくてはなりませんね。そして、神殿がいくつも発見されていることは、そういう集まりが、たとえ何百年あるいは少なくとも何十年間に一度、定期的にあったのだろうと思わせます。どれもていねいに埋められているのは、神殿は作られてから徐々に力を失うため、定期的に古いのを埋めて新しいのを建てたからだろうと考えるのが、もっとも合理的です。これ自体はホモ・サピエンスの文化に普遍的なことで、例のフレーザーの『金枝篇』などに照らしても、むしろ自然な発想です。伊勢神社の式年遷宮なんかも、似たようなところがありますね。

ところで、ここからはいろんな推測が可能です。これも神話伝説や民俗学に照らせば、大社会が成立している間に、いわば遺伝子の攪拌と交換が行われるシステムがあったと考えるのは、そんなに無理ではありません。じっさい古代の神殿において神聖な乱交が行われたという言い伝えは珍しくないのです。他にも条件は多いとはいえ、女を奪い合うことを回避できれば、平和成立のためのきわめて重要な条件の一つが成立することになります。大社会が成立し、暫定的とはいえ維持された最大の理由はそれかもしれない、と僕などは考えてしまいます。また、フォーマル宗教である以上、儀式体系はあったはずで、それを維持継承する専門家がいたはずですね。こうなるとたんなるシャーマンではありえないので、それでは彼らが建築の知識を秘伝として継承し、建築の指揮もしたのだろうか、などと想像力が暴走を始めてしまい、そら恐ろしくさえあります。とはいえ、結局のところ、この神殿を作った人々はそのまま発展したのではなく、忽然と姿を消します。消えた原因はもちろん不明ですが、近頃は古代の気候変動の激烈さが詳細に分かってきたので、[12] それなのかもしれないと推測する余地はありますが、いずれにせよ、こういう遺跡が見つかった以上、僕たちは人類史そのものを、そしてホモ・サピエンスとは何なのだという問題を、たとえば宗教とホモ・サピエンスの関係や、さらに一歩踏み込んで宗教と平和あるいは戦争との関係といった問題を切り口に、根底から考え直されなければならなくなっていると思います。たとえば、ドーキンスやデネットのように、平和のためには宗教はないほうが良い、と無神論を唱えてみても、個人レベルではともかくも、この遺跡がつよく示唆するように、宗教あるいは信仰と社会はホモ・サピエンスのもっとも深いところでいわば骨がらみに一体であるとするると、つまり遺伝子レベルにそれは組み込まれてあるのだとすると、いかにも虚しい叫びではないか、ということにもなりますね。じっさい、ほとんど病的に多彩な分野の本を読み続ける僕のアンテナには、進化論を土台にして、まさにこのような議論を展開している本が、いくつも引っかかっています。じつは、いまもそのうちのじつに面白い本を翻訳中なのですが、[13] そういう本が増えてきていること自体が、たとえばこの遺跡の発見がかりになくとも、世界の現状そのものが、宗教や信仰を本質的に論じ直すこと、ということはホモ・サピエンスとそれとの関係を根底から論じ直すことを、要求しているのだろうという気もします。

さて、次は二本目の柱です。信仰をもつこともひとつの「ちから」だと考えることができますが、このような思索に、ケイパビリティーという考え方を重ねてみるとき、見えてくるものがあります。さきほど紹介したフォーマル・リリジョン、つまり「フォーマル宗教」という概念は、社会的動物としてのホモ・サピエンスに結びつくのですが、個人としてのホモ・サピエンスに結びつくものとして、プライマリー・リリジョンという別の概念もあります。用心する必要があるのは、プライマリー・リリジョンつまり「第一番目の宗教」という言葉には、二つの用い方があって、たとえば日本のプライマリー・リリジョンという用い方をすると、日本で一番優勢な宗教ということになります。いま僕が用いるのは、そちらではなくて、「もっとも根元的な宗教感情」という意味の方です。なにも難しいことではなくて、たとえば肉親や親しい人が病や怪我で苦しんでいても、医師ではない普通の人間には、具体的にどうしてあげることもできません。僕自身の経験を話せば、長女が幼い頃に髄膜炎にかかったとき、あまりの苦痛に泣き叫ぶのですが、それを見ているだけで僕にはどうすることもできません。身代わりになりたいと心から思いましたが、もちろんそんなことはできません。すると、できるのは祈ることだけですね。どなたも同じ感情を経験したことがおありだと思います。父が五十七歳という若さで癌で死んだときも、一昨年の一月に母を亡くしたときも、僕は同じ気持ちを経験しました。僕はこの気持ちを表現するのに、ラテン語の祈るという言葉を使って、ホモ・プレカーンス、つまり「祈る者としての人間」と言うことがあると、講義で話したことがあります。もっとも、本当に人間だけ、あるいはホモ・サピエンスだけが祈るのかどうかは定かではないので、これは傲慢な言い方かもしれないのですが、すくなくともホモ・サピエンスの本質の深いところを衝いてはいるはずだ、と感じています。これも、しかし、ケイパビリティーです。祈らない人も、つまり祈る力が発現しない、たとえばサイコパスと呼ばれる人たちがいることを思えば、これが「ちから」であることは、むりなく了解されるのではないでしょうか。ともあれ、この祈ってしまう気持ちが、プライマリー・リリジョンであって、ごくごく当たり前に僕たちの心に、ひとつの「ちから」としてあります。フォーマル・リリジョンも、このプライマリー・リリジョンがあって始めて成立するわけですが、どちらもホモ・サピエンスとは何かを考えるうえで、欠かすことができません。ホモ・サピエンスと何かという問題はいま、そういうところからも考え直すことを迫られているということをはっきりと主張した上で、僕は大学を去りたいのです。

ところで、このケイパビリティーという概念を、さらに、さきほどホモ・サピエンスという動物種にとっては極めつけの不自然だと僕がいった、人間平等観あるいはその先の生命平等観に、適用してみるとどうでしょうか。たしかに不自然ですが、しかし現実に人間平等観は、ガットの言葉を借りれば「豊かでリベラルな民主主義社会」である現代先進国の市民社会は、先におこがましくも自分についていったように、それに自明性を感じる個人たちを、無視できないほどの数において作りだしていることも、事実です。そうはいっても、世界を見渡せば、背筋がさむくなるほどの少なさですし、過去を振り返れば、なんといっても、ホモ族の二千メートルの旅路の最後の二十センチのことにすぎません。いやそれどころか、そういう社会を作りだした西欧と、西欧以外で唯一それらしきものの実現に成功した日本を見ても、人類の半ばを占める女性において、その平等観がたとえば参政権として実現されたのは、二十世紀に入ってからです。すると十センチよりこちらで足の裏の半分以下ですし、日本やフランスのようにそれが第二次大戦後という場合は、もっと近いことになります。だから、先ほどは人間平等観は極めつけの不自然だと言ったわけですが、しかしながら僕はそれを言ったうえでなお、ここでは、あえて違った考え方を試みます。

といっても、二千メートル歩いてきて最後の十センチあるいは五センチになってから成立した事態だから、ある意味でまちがいなく不自然であること自体は、認めざるをえません。しかしながら、ホモ・サピエンスは、さきに言及したアイブル＝アイベスフェルトが指摘するように、きわめて多彩な社会を文化として実現してきたのであり、その社会には多彩な人びとが生きてきました。社会や個人が如何に多彩であれ、その多彩さが実現されたという事実がある以上、種としての私たちがもつ遺伝子セットの中には、その多彩さの種子にあたるものが入っていたと考えるしかありませんね。存在しない種子は芽吹きようがないということを、逆から言えば、そうなります。女性の対等な政治参加は本当に最近の、そして今でさえ世界を見れば一部でしか実現されていないことですが、しかしながら実現されてみれば、対等な政治参加の「ちから」は、間違いなく彼女らにおいて発現しています。その「ちから」の種子は、ホモ・サピエンスなら性別に関係なく全員に間違いなくあるが、ただ、環境次第で発現したりしなかったり、あるいは多彩な発現の仕方をするのだと考えるほうが、種子自体が個体によってあったりなかったりすると考えるよりも、よほど合理的であるのは、言うまでもありません。ケイパビリティー・アプローチとは、こういう考え方、しかも、たとえば母性は本能か本能でないのか、あるいはそれをもつ個体ともたない個体があるのかといった、従来の不毛極まりない議論よりも、いわば深く合理的、合・理性的な説明を、可能にしてくれるものです。そして、種としての僕たちホモ・サピエンスがいったいどれだけのどういったケイパビリティーをもって生まれてくるのかなど、誰にも分からないということも、はっきりと認識させてくれます。何度も申していますように、無い種子の芽吹きはありえませんが、個体としての自分がどんな種子をもっているのかも、誰にも分からないのです。もちろん、人類は鳥ではないので翼をもつことはないし、魚ではないので水中呼吸をすることもありませんが、種としての変化の限界も、種の個体としての変化あるいは成長成熟の限界も、誰にも見えないのだと考えておくのが、正しい態度選択だろうと思います。ただし、ヌスバウム自身が冗談めかして、ホモ・サピエンス特有のケイパビリティの中には、たとえばヘルメットを被らずにバイクに乗るそれといったものもある、と言っているように、ポジティヴなケイパビリティーだけがあるのでは、もちろんありません。そもそも狩猟採集生活を営む小集団が殺しあっていたのも、その「殺しあうちから」の種子が、その環境の中では正常に発芽結実したからです。ネガティヴな「ちから」が実現されてしまった例としては、近現代の大量虐殺を指摘することもできるでしょう。あらためて強調しておけば、ようするに、どの「ちからの種子」が芽吹いて「ちから」として実現され、どの種子が抑止されて芽吹きもせずに死んでしまったり発育不全に終わるのかは、環境次第、ことに文化環境によるのだ、ということです。

そして、このことに深いところで関連するのですが、少し前に触れた人間平等観、さらにその先の生命平等観、という問題に、ここであらためて立ち返ります。近代という文化システムは自然科学を生みだし、自然科学は物質的豊かさと清潔と安全を生みだし、ついに人間平等観さえ生みだしましたが、そうして手に入れた力 (power, force) によって、同時に、ホモ・サピエンスは、自然破壊・環境破壊を進めてきました。そして、核兵器などという、生態環境としての地球そのものをまるごと破壊する力まで手に入れてしまいました。たとえ核兵器を用いることがなくても、環境破壊と資源枯渇といった事態の進行によって、僕たちホモ・サピエンスは生態環境としての地球を、つまり自らの道連れにするかたちで、他の生命もろともに自殺してしまいかねないという最悪のシナリオが、先刻ご承知のように、ますます現実味を帯びてきつつあります。遺伝子資源の保護とか、維持可能な社会とかいった、近頃かまびすしいかけ声は、僕たち自身もそのことに気づいていることを、示しています。こういうことを直視すれば、人間、つまり我々ホモ・サピエンスは、他の生命全てに対して生殺与奪の力をもってしまった以上、生命全体に対して責任があることも、見えるはずです。である以上は、この責任を理解し担える人間を作りだすことが、人類全体にとってまさに焦眉の急であるはずですが、人間平等観にさえ自明性を付与できないような文化システムによって立つ社会が、生命平等観にたどりつくことは、原理的にあり得ません。しかも、冷静に考えれば、そういう文化システム、そういう社会のほうが、地球上においてはるかに優勢なのです。僕たちはいま、まさにこの現実に直面しなければならなくなっているということにも、気づき始めていると思います。

これ以上の発言は、いろいろな意味で政治的意味合いをもつので、危険を伴わざるをえません。それでさし控えますが、じつは、先ほど紹介したイズリエルの、啓蒙運動・啓蒙思想についての決定的研究は、まさにそうした理解の基盤を驚愕すべき厚みと広がりにおいて提供するものです。そしてイズリエル自身が、あの本の最後の部分で、ポストモダンやポストコロニアルと呼ばれる、おそらく我が国ではまだ最先端のリベラルだと一般に思われているであろう思想的立場を、いわば真っ向微塵に打ち砕いています。僕自身は、このイズリエルと思想的立場をまさに共有していいます、というより、じつは以前から漠然と同じようなことを考えており、それで彼を夢中で読むことにもなったというのが正直なところですが、いずれにしても平等観と自然科学を生み出した啓蒙運動は、いままさに、根底的に考え直されるべきときにきている、と僕は考えています。

さて、ここから最後の部分に入ろうと思います。ホモ・サピエンスである僕にとって、ここまで述べてきたことは、いったいどういう意味をもつのか、ということですね。じつは最近、この年齢になったからこそなのか、それともこういう問題をずっと考えるようになったからなのか、そこは判然としませんが、以前はとても個人的な感情だと自分で思っていたのが、これはまさにホモ・サピエンスの感情なのだ、と気づくことが、よくあります。そのひとつは、自分の中にはどれだけの、まだ発芽さえしていない「ちからの種子」が潜んでいるのだろう、という焦りのような感情です。これは僕の中では自己実現という概念につながっているのですが、この概念・言葉はよく聞かれますし、ときにはご自分でも使われることがあるのでは、と思います。もとはマズローというアメリカの発達心理学者が使い出したのですが、きわめて印象的で直観に訴える言葉なので、そういう事情とは別に、普通に使われています。僕自身も、マズローの説はよく知っていますが、やはり自分なりの使い方をすることがあります。ここでもそれをお話します。

才能がある人のことを、英語では talented とか gifted とか言いますね。ここまでお話ししてきたことから、才能はまさに個体に備わる特別にポジティヴなケイパビリティーが、芽吹きそして開花結実したもの、と概念されうることがお分かりかと思います。ただし、この英語には、才能あるいは異能は神からの贈り物であり、だからかけがえのないものとして大事に育てなければならない、という実感がこめられているように、僕には感じられます。僕がそのように感じるのは、もしかすると、吉村家がとても古いキリスト教の家系であることに関係しているのかもしれません。神の存在を信じるかと真正面から問われると、自分は無信仰だと言いたいのですが、じつは、自分は、自分ではない超越的存在の意思によって現在ただいまここにかくあらしめられている、という感覚は、はるかな昔しから現在まで、消えることなく僕の中にあります。とくに大学院のときにある経験をするまでは、どこか鬱陶しい感覚として、それがありました。なぜ鬱陶しいかと言うと、神は無駄なこと無目的なことはしませんから、僕もなんらか実現すべき目的や意義を背負わされてこの世に送り出されたはずで、それが僕には一種の負債の感覚としてあったのです。僕には才能というほどのものは何もないのですが、それでも、自分の中に他の人とは違う力の兆しのようなものを感じると、頼んだわけでもないのに貸し付けられて負ってしまった負債のように、それを感じる部分があったのです。もちろん誇らしさがないわけではないのですが、英語で言うアンビヴァレントな気持ちですね。素直に向かい合えないものがあって、それがまた、自己嫌悪の原因にもなっていました。

それが劇的に転換したのは、今日の話の最初に、先に僕の素質は理系だが事情があって文学部に進んだ、と言いましたが、大学院時代、その事情のために陥っていた苦境を克服しようとして、十八世紀の難しい英語千四百ページを一週間で読み切るという過激きわまりない試練を自分に課し、それをやり抜いたときです。自分で言うのはおこがましいのですが、自分にそんなものがあるとは思ってもいなかった、かなり特殊な「ちからの種子」がこの過激で異常な刺激によって芽吹き開花結実したらしく、そのおかげで僕は英文学者になることができ、しかもかなりの成功を収めて、いまここにいます。この岐路を経てのいわば変身した時点から、僕は自分の生き方を、全力疾走と表現するようになりました。二十五歳のときです。なにしろ、高校に入った時点で、自分の内部的事情のためにすでに方向感を失っていたので、大学にはいっても勉強に身が入らず、学部を七年もかかって卒業しました。しかし、その後、一般世間でのまっとうな生活は自分にはやれないと思い知らされることがあったので、一年浪人して大学院に入ったものの、なにしろ英語力自体あやしい水準でしたから、一年目に絶望に陥りかけました。それをいまご紹介した、いわば無茶苦茶な努力で別人になって、克服したのです。全力疾走という生き方に入ったそこからは、キャリア上の遅延は一切なしにここまで来ています。それだけでなく、自分で言うのはおこがましいのですが、いわば先頭集団の一人という評価を頂いてさえいます。

さて、最初に言いましたように、僕は西宮の女子短大で教え始め、そこで十年をすごしました。それから、ご縁があって三十九歳で鳥取に来たのですが、ところがその直後に胃にガンが発見され、全摘出手術で胃を失い、さらには強烈な抗ガン剤の治療をほぼ十ヶ月受けました。その治療のために幽鬼のごとく痩せ衰えて緊急入院を繰り返し、この先長くはないとしか思えなかったので、自分の中にまだ芽吹きもせずに眠っている可能性、つまり今日の言葉で言えば「ちからの種子」の実現を急がなければという焦りが、切実になったのです。当時の僕は、心の中で可能性という言葉を使っていたのですが、ようするにそれは、今日使っている言葉で言えばケイパビリティー、さらには「ちからの種子」であって、ヌスバウムの議論を僕がごく自然に理解し共感したのも、じつは自分のこうした経験のおかげなのだ、と思っています。さいわいにも健康を回復し再発もしませんでしたが、全力疾走はさらに速度が上がったままです。ある種の軍事オタクである僕のイメージで言えば、第五世代戦闘機でしょうか。といっても高度なステルス性を念頭においているのではなく、超音速巡航と呼ばれる、従来の戦闘機とは別次元の力です。短期間の集中的がんばり、つまりアフターバーナーの使用で音速を突破するのではなく、超音速飛行を普通の状態として実現する、ということです。僕はそれをかなりの程度実現していると思いますが、それについては二度の危機が、いずれもそれを可能とする力の種子にとって芽吹きの機会だったことになります。もっともこれは、すこし違った角度から言葉を選ぶと、不安を抱く「ちから」というべきものです。動物の不安ではありません。この重荷を担いきれるかという不安、自己実現をどこまでやれるかという、まさにホモ・サピエンスの本質をなす不安です。逆から言えば、不安を抱く力さえない人は、「ホモ・サピエンス」の名に値するほどのことを何もやり遂げられないだろう、ということでもありますが、ここまで言うと言い過ぎかもしれません。

さて、やっと終盤に差し掛かりましたが、じつは、この講義を準備し始めたとき、「老いに抗う」という副題をつけようと考えました。結局、その副題は攻撃的すぎる気がして止めましたが、やはりそれを語って締めくくるのが自分らしくていいのではないかと思いますので、その話に入ります。

ロナルド・ドゥオーキン（Ronald Dwarkin）という個性的なアメリカの法哲学者がいて、じつに知的に深くて説得力の豊かな議論をします。その彼が、どういう人生が望ましいかを論じた文章を読んだことがあるのですが、彼は、チャレンジに満ちた人生が良い、と言います。チャレンジという英語は、カタカナ日本語になっているとも言えますが、かなりの誤解がそこにはあって、本来の意味は、挑むに値する難問、ということです。この概念を一言で表せる日本語はありませんね。何か難しい問題があって、もし「これはとてもやれない」、と感じていれば、出てこない言葉です。That's a challenge と言えば、気分はポジティヴなのです。これは、今日ここで用いてきた言葉で言えば、まさにケイパビリティーと自己実現の世界ですね。この意味でのチャレンジに満ちた人生とは、自分を成長成熟させるような紆余曲折と危機に満ちた生ということになります。それは、自分の中に多様多彩にあるはずの生き抜く力、生を充実させる「ちからの種子」の、可能な限り多くが発現し実現する可能性に満ちた生に他なりません。無理が過ぎて倒れてしまっては何にもなりませんが、生き抜かれえた限り、そのような生は、質量共に濃密に、自己が実現されてゆく生です。たんに「ちから」の実現と言うよりも、むしろそれを求めてやまない強靱な意思という「ちから」の発現こそが、ホモ・サピエンスであることの証だと思いますが、彼のこの言葉を読んだとたんに、それはヌスバウムを知るはるか以前のことでしたが、僕が自らの生を語る言葉として用いていた「全力疾走」と同じことが言われているのを、直観しました。ケイパビリティの中には、先に触れた言語能力のように、ある年齢までにしかるべき環境が整わなければ種子のまま死んでしまうものもありますが、ホモ・サピエンスである以上ぜったいに誰もがもっている「ちから」の種子、つまりそれをもっていること自体が自らがホモ・サピエンスである証しでもあるような重要なケイパビリティーの内には、人がどれほど晩年になっても芽吹き成熟するものがあります。たとえば、学ぶ「ちから」もそうです。老いとともに学びをあきらめる、あるいは放棄する人が、大学で教えてきた友人知人にさえ少なくありませんが、逆に、まさに老年になって学びに目覚め、大変な仕事を完成させる人もいます。前者は、僕には、自らがホモ・サピエンスであることへの冒涜だとさえ感じられます。

僕の実感はそういうものなので、定年退職後、もう組織に身を置いて教えることは、なにしろそれは僕にとっては、ペンギンが空を飛び続けていたようなものなので、もう一切しませんが、研究者としてはそこからが本番だと考えています。つまり、知的な老いに屈するつもりはなく、老いに抗い続けるつもりですが、そうは言っても、体が老い衰えては、やはり質量共に濃密な学びを続けることはできませんから、すでに五、六年ばかり続けてきた肉体の鍛錬を、程度を落とさずにこれからも続けます。鍛錬の中身を人に言うと、滑稽だと感じるのか笑い出す人がいますし、ときには、あまりに過激で不自然だと感じるらしく、露骨に嫌悪を示す人もいます。老いることはもちろん自然なので、それとの戦いは、その意味では間違いなく不自然です。しかし自然に老い衰えることなら、犬にも猫にもやれるではありませんか。というより、それへの抵抗あるいはそれとの意思的な戦いは、人間にしかやれません。そうである以上、これはまさに、自分が人間であることの証しです。老いたので学びをやめる、というようなことを言う人がいると、あなたは人間であることをやめるのか、と僕はつい心の中でののしってしまいます。大学院生だったときに危機を乗り切り、その二十五年後に癌の危機を乗り切った僕の意識では、自分はいま、老いという危機と戦っているのです。危機とは不自然で非日常ですから、過激で不自然なほどのことをしなければそれを乗り切ることができないのは、原理的に当たり前ではありませんか。

というわけで、老いが近づいていると感じている方には、ぜひ参考にして頂きたいのですが、僕は毎日、腹筋百回と腕立て伏せ百回、加えて八種類の柔軟運動をしています。さらに、三度の食事のあとは必ず、三十分ほど、早足で歩きます。けっして止めないために、「昨日できたからには今日できないはずはない、今日できたからには明日できないはずはない」と自分に言い聞かせていて、たとえ熱が出ていても、やります。そうしないと、たとえばテニスなどかなり激しいスポーツをしていても、それだけだと、衰えれば衰えたなりのプレーしかしませんから、飛ぶことにたとえれば、やはり速度も高度も下がります。しかし、基礎的鍛錬の量と強度を保っていれば、原理的にはどこまでも水平飛行を続けられるはずです。実際、現在にいたるまで高度も速度も低下していませんし、それどころか、上昇している気配さえあります。というのは、六十歳の時に還暦記念と称して家内の反対を押し切り、自動二輪の免許を取ったのですが、それ以来、ひとりで神戸の家と鳥取を往復するときは、基本的にバイクです。

じつは、バイクに乗ると大脳の前頭前野が活性化することが、大脳生理学者によって実証的に確認されているのですが、[14]大脳の前頭前野といえば、もっとも人間らしい、つまりもっともホモ・サピエンス的な知的活動が営まれるところです。つまり、ホモ・サピエンスとしての僕にとって本質的に重要な意味をもつケイパビリティーが、この年齢であらたな成熟を始めたことになりますし、じっさいにその実感があります。

他にも、大学という組織に属していたために、あえて実現を封印していた、自分にとって大事なケイパビリティを開放することも、これからはできるはずなので、いわば手ぐすね引いて待ち構えています。絵を描いたり刃物を用いて細工をしたり農業の真似事をしたり、といったことですが、退職後は、バイクで言えば一段とギアダウンではなく、ギアアップをするのだろうと思います。全力疾走がさらにあらたな段階に入る、ということですね。

しかし、おそらくはもうかなりの方が心の中で危惧されているでしょうが、僕は思い違いをしているわけではありません。こうまでして抗ったところで、老いとの戦いが所詮敗北に終わることが、見えていないわけではありません。たとえ事故や病に遭遇しなくても、老いは進み、その先には死があります。しかし、これを生命全てにとっての運命と呼ぶならば、ホモ・サピエンスである私たちだけは、運命と戦い続けることができます。戦いを止めないことは、できます。

最後の最後に申し上げたいのは、繰り返しになりますが、生き抜き、自己実現の追求という戦いを意思する力こそが、私たちホモ・サピエンスがもつ最大かつ最重要のケイパビリティの発現ではないか、ということです。

面倒でおこがましい話ばかりを申し上げましたが、どうやら最後にたどり着きました。ご静聴ありがとうございました。御礼申し上げます。

註

（1）最終講義そのものは配布資料なしに口頭でおこなったので、最初のホームズの引用も、以下の略注も提供していない。原稿内容は変えていないが、口頭であることを配慮して、議論展開を過度に単純化している。そのため、このＨＰ掲載版では、複雑な議論的背景がある論点については、誤解を避けるために、注の形でそのことを指摘しておくことにした。

（2）ドーキンスはあまりに有名だが、いきなり彼が現れたわけではない。ダーウィン進化学にはつねに、個体の「利他行動」をうまく説明できないという問題があった。この問題に関する決定的な突破口がジョージ・プライスによって開かれたのが、まさにドーキンスの登場直前だった。Oren Harman, *The Price of Altruism:George Price and the Searchfor the Origines of Kindness* (Vintage Books, 2011) という優れたプライスの伝記があり、垂水雄二訳『親切な進化生物学者』（みすず書房、二〇一一年）として邦訳もされている。

(3) *Azar Gat, War in Civilization* (Oxford University Press, 2006). 石井智之他監訳『文明と戦争』上・下（中央公論社、二〇一二年）として邦訳されているが、講義中でも指摘したとおり、文明と戦争が二項対立的関係にあるかの印象を与えるタイトルは、著者の意図に対する裏切りである。また、訳の大部分はそうまずくないが、きわめて低水準の部分も含まれる。

(4) Bradley A. Thayer, *Darwin and International Relations. On the Evolutionary Origins of War and Ethnic Conflict* (The University Press of Kentucky, 2004). じつによく勉強していると感心するが、議論の組み立て方にも中身にも、一種独特な未熟さ・幼稚さを感じる。この印象は、かなり高い評価を得ているらしい Stuart J. Kaufman, *ModernHatreds: The Symbolic Politics of Ethnic War* (Cornell University Press, 2001) でもまったく同じで、ある種の不気味ささえ感じる。大学院で叩きこまれた論文の書き方をいまだに金科玉条とし続けているごとくで、アプローチの病的単純さ（本当に深く複雑な問題はこれでは扱えまい、と吉村自身は感じる）について、自覚も反省もないように見える。

(5) この問題も、じつはこんなに単純ではなく、ガットやセイヤーの議論の（それどころかリサーチ段階での）下敷きとして、たとえば Iraneus Eibl-Eibesfeldt, *The Human Ethology* (Transaction Publishers, 1989) という、まさに圧倒的な仕事がある。だが、圧倒的（質量共に）であればこそ、こうした口頭発表で軽率に言及することをあえて避けた。『人間の動物行動学』という邦訳があるらしいが、吉村は英語原文しか見ていないので、それについて言うべきことはない。

(6) たとえば、フェミニズムに関わる全ての議論は、その視野にこれが入っていない限り、もはや原理的に無効だが、そもそも現代市民社会においてかわされる議論で、フェミニズムと無関係でいられるものがあるだろうか。

(7) たとえばネアンデルタール人は、成人骨格において男女差が極めて小さく、骨に残る負傷跡などから推測すると、狩猟や戦いに対等に参加していたらしい。これだけでも、じつに多くを考えざるをえなくなる。また、ホモ・サピエンスの男女は視覚に差があり、男は動きの把握に優れ、女は微妙な色合いの差の認識に優れる。従来直感的に語られてきた（そして第一次フェミニズム時代の女性論者の多くが、いわば血相を変えて否定しようとした）男女差の多くが、急速に精密さを加えてきた測定技術によって、確認されつつある。もちろん、これが人間としての優劣を言う根拠にされることがあってはならない（すくなくとも吉村の思想的立場はそうである）。このあたりの確かな最新情報で一般向けのものは、意外かもしれないが（この雑誌の歴史と性格を知る者には、そうでもないだろうが）*National Geographic* で確認できることが多い。この関連では、才人 Matt Ridley の *The*

Rational Optimist: How Prosperity Evolved (Fourth Estate, 2011) が議論にいちはやくこれを取り込んでいるのは、いかにも興味深い。マット・リドレー著、大田直子他訳『繁栄』上・下（早川書房、二〇一〇年）という邦訳がある。

（8）Daniel L. Everett, *Don't Sleep There are Snakes: Life and Language in the Amazonian Jungle* (Vintage Departures,2009). 邦訳版が、屋代通子訳『ピダハン』（みすず書房、二〇一二年）として出ている。

（9）つきつめて言えば、具体的には「西欧（西洋ではない）プラス日本」である。ようするに、現代世界においてさえ、人口でも領土面積でも、小部分でしかない。これらが経済的・文化的・軍事的には圧倒的にメジャーであるために誤解されやすいが、人類史の果てにようやく奇跡のごとく出現した（つまり極めつけの「不自然な」文化システム）であることを、自覚しなくてはならない。

（10）当日持参して示したのは、Jonathan Israel, *Democratic Enlightenment* (Oxford University Press, 2011)。著者イズリエルは、どれも本文八百ページを越す「啓蒙三部作」を出しており、これはその最終巻である。邦訳はないようである。

（11）これも、大枠としてはこの通りだとしても、実態はほとんど複雑怪奇であることを、忘れてはならない。これを痛感するためには、しかし、たとえば上記イズリエルの啓蒙運動三部作を、これもたとえば Tim Blanning, *The Pursuit of Glory: The Five Revolutions That made Modern Europe. 1648–1815* (Viking Penguin, 2007) などによってヨーロッパ全体の背景的政治状況を確認しつつ、読む必要がある。そもそも日本人のうちに、ハプスブルク王家と神聖ローマ帝国の関係だとか、その複雑な政治状況の中で国際的啓蒙運動が地域的にどう展開していったかなどを、しっかり把握できている者が、どれだけいるだろうか。すくなくとも吉村はつねに自分の勉強不足を痛感しているが、近代市民社会の成立を論じる以上、研鑽を怠るわけにはゆかない。

（12）たとえば David R. Montgomery, *Dirt: The Erosion of Civilization* (University of California Press, 2007) が吉村には面白かった。邦訳は、片岡夏美訳『土の文明史』（築地書店、二〇一一年）。

（13）翻訳中なのは、Matthew Apler, *The God Part of the Brain* (Source Books, 2006)。三分の一ほど終えているが、入院でとぎれてしまい、帰宅してもなかなか再開できないでいる。人間と宗教の関係については、ほかにも、たとえば Jess Bering, *The Belief Instinct: The Psychology of Souls, Destiny, and the Meaning of Life* (W. W. Norton, 2011) や Nicolas Wade, *The Faith Instinct: How Religion Evolve and Why It Endures* (Penguin Books, 2010) など（後者はリプリント版で廉価）、じつに多くが現れ始めた。前者には、鈴木光太郎訳『ヒトはなぜ神を信じるのか』（化学同人、二〇一二年）、後者には、依田琢巳訳『宗教を生み出す本能：進化論から

見たヒトと信仰』（ＮＴＴ出版、二〇一一年）という邦訳がある。吉村自身は、Alan Jacobs, *Original Sin: A Cultural History* (Harper One, 2001) という特筆すべき変り種に出会った。これなどは、神学者さえもホモ・サピエンス論の現状に無関心でいられないことの、証拠といってよいだろう。ただし本書は、大部分において該博な知識を投入した興味深い議論が展開されるものの、著者はじつは進化論には本質的な関心も理解ももたないことが、最初にまず感じられ、途中ではその突破に大きい期待を抱かせながら、結局最後には決定的に露呈されるので、いわば蛇頭蛇尾ながら胴体だけは立派な竜、と言わねばならない。信仰と学問的議論の関係について、考えさせられるところが多かった。かつて Heiko Oberman にこの問題を見た衝撃が、吉村には一種のトラウマになっている。

（14）http://tech.braina.com/2009/0327/other_20090327_001____.html「バイクを運転すると脳の前頭前野が活性化する」：東北大学加齢医学研究所の川島隆太教授とヤマハ発動機は、日立製作所基礎研究所の携帯型光トポグラフィ技術試作機を使った実験で明らかにした。また、別の実験では、日常生活にオートバイを取り入れることで、様々な脳認知機能が向上し、メンタルヘルスにおいてもストレスの軽減や脳と心の健康にポジティブな影響を与えることを明らかにした。川島教授は「オートバイという常に緊張感を持たなければいけない乗り物だからこそ、こういう結果になったのだと思う。脳を活性化させるためには少し不便なくらいが良い」と話している。

第二部

扉絵：『鳥よお前を！ ‥‥』 Nobuo Yoshimura 13 May 1988

第三代シャフツベリ伯爵アントニー・アシュリー＝クーパー作

『人間、マナー、意見、時代の特徴』（一七一一年）より

「美徳あるいは長所の探求」

冗談はさておき、真面目に考えよう。（ホラティウス『諷刺詩』一、一、二七）

第一巻　第一部

第一節

宗教と美徳は多くの面できわめて近い関係にあるので、一般には分かちがたい連れ合いとされている。私たちはそれらの結びつきを良いものだと信じたい気持ちがとても強いので、それらが別個のものだと言うことはおろか、そう考えることすらほとんど我慢がならないほどだ。しかしながら、世間の習いがこの点について私たちの考察に対する答えたり得るかどうか、問うてみるくらいは許されよう。確かに私たちは、この一般的な思い込みに反すると思われる例に、時として出くわすのだ。おおいに宗教的情熱を有していると見えながら、人として普通の情愛さえもたず、はなはだしい堕落腐敗の振る舞いをする人々がいることを私たちは知っている。また、宗教にほとんど敬意を払わず、たんなる無神論者と考えられていながら、諸々の道徳的な慣習を実践し、多くの場合に人間への非常な善意と情愛をもって振舞う人々も見られる。この人々が美徳を備えていることは認めざるを得ないのではないか。そして一般

に、私たちは諸々の道徳原理に大いに重きを置くので、人々との付き合いにおいては、宗教への情熱をいくら保障されても、その人々の人柄についてさらに何ほどかを聞かない限り、滅多に満足することはないのである。もし誰かが宗教的だと聞かされても、それでも私たちは「彼の道徳はどうなのか?」と尋ねるのだ。しかし最初に、彼が廉潔な道義心を持ち、生来正義の士で善良な気質であると聞けば、「宗教的で敬虔だろうか?」というような他の質問を思いつくことは滅多にない。

このことは、**廉潔さあるいは美徳はそれ自体ではどのように考察されるのか、またそれは宗教にどんな風に影響されるのか、宗教はどの程度まで必然的に美徳を含むものなのか、そして「無神論者は美徳あるいは廉潔さや長所をいささかももちあわせていない」という言い習わしははたして真実か、**という問を惹き起す。

さてこの場合、物事を説明する方法がいささか普通ならざるように見えたとしても、当然ながら驚くには当たらない。というのは、これはこれまでほとんど検討されてこなかった主題であるうえ、きわめて微妙かつ危険な考察だからである。なにしろ近頃、自由に筆を振るう連中のおかげで宗教的な人々は警戒心を強めており、そのため、いたるところで強い猜疑心が生まれているので、ある著者が他のどんな原理にであれ、いささかでも良い点を認めたりすると、宗教にいかなる好意を示そうとも、その理由はほとんど信用されないのだ。他方、機知と冷やかしをこととする連中は、なにしろその最も愉快とするところは宗教の弱点を暴くことにあり、宗教についてのまじめな考えに引き込まれることにはひどく怖気をふるうので、自由な著述家の雰囲気を漂わせながら同時に自然宗教の諸原理への敬意を保っている者を、誤魔化しの罪を犯しているとみなすのである。彼らは通例、自分たちが認めてもらえる程度の容赦しか相手に与えないし、論敵たちの諸々の道徳を悪く考えようと決め込んでいるが、これは論敵たちとても同様で、できる限り相手を悪く考えている。思うに彼らのどちらも、相手方にいささかの長所も認めようとしないのだ。彼らの一方に、宗教にいささかでも美徳があることを認めさせるのは、他方に、自分の仲間内の外側にいささかでも美徳があると認めさせるのと同様に、困難である。そこで両者の間において、どちらかの力を削ぐことなく、宗教と美徳の両方をとりなそうとする著述家は、辛い時を過ごさねばならない。なにしろ、それぞれに適切な地歩とふさわしい地位を与え、彼らが罵りあって敵同士になるのを防がねばならないのだから。

それはともあれ、もし私たちがこの探求で意図する範囲において、何事かにいささかなりとも新たな光を与える、あるいは効果的に説明できると主張するつもりであれば、必要なのは、物事を深く見つめ、なんらか簡潔な計画によって、神性に関わる意見（もっともなものであれ、不可解なものであれ）について、それぞれのよって来たるところを示すべく試みることである。そしてもし、私たちの知的探究のこの難儀な部分をうまく切り抜けることができれば、望むらくはだが、残りの部分はより簡明かつ容易なのではなかろうか。

第二節

物事全体あるいは宇宙において、全ては良き秩序に従っていて、一般的利益にもっとも合致しているか、あるいはそうではないものが存在しているか、つまりもしかしたら全ては、存在物あるいは全体の一般の利益にとってさらに有利なように、より良く構成され、一層巧みに形成されえたかもしれないか、そのどちらかである。

もし存在する全てが、良き秩序に従っており最良を目指しているなら、必然的に、宇宙には真の悪徳、つまり全体と関わる悪徳といったものは存在しない。

そうなると、実際にこれ以上良くはありえなかったもの、あるいはどんなふうにせよ、より良く秩序付けられなかったものは、何であれ完璧に善いのである。世界の秩序の内にあるものは何であれ、もしそれが悪徳と呼ばれうるならば、その本性においてより良く形成されえたか、より良く秩序付けられえた可能性を含意するのだ。というのも、その可能性が無かったとしたら、それは完璧であって、在るべきように在るのだから。

したがって、真実に悪徳であるものは、何であれ意図的に（つまり知識と知性によって）引き起こされるか、さもなければ、運と単なる偶然によって作り出されねばならない。

もし宇宙に悪徳が意図的に存在するならば、全てを差配するものは、一つの良き原理ではありえない。というのは、その一つの企図原理がそれ自体が堕落しているか、あるいは逆に稼動する邪悪な他の原理が存在するか、どちらかだからである。

もし単なる偶然によって宇宙に何であれ悪徳が存在するなら、ある企図原理あるいは心は、良いにせよ悪いにせよ、全ての事物の原因ではありえない。だから必然的に、もし善のみを生み出す支配原理があるとして、なおかつ、それが偶然や反対の意図に由来する悪徳を防げないとすれば、至高の良き意図あるいは心といったものが実際に存在すると考えることはできないし、存在するとしても、それは無力で不完全なものでしかない。というのは、そのような偶然や反対する邪悪な意図の悪徳を正すことも排除することもできないような事態は、無力さか悪意から生じるに違いないからである。

いかなる程度においてであれこの世界に卓越し、分別と心をもって自然界に支配を布くものは、何であれ、普遍的合意によって人々が「神」と呼ぶものである。もしそうした優越した心が複数存在すれば、それだけ多くの神が存在するが、もし単独あるいは複数の優越する心があり、しかも本性上かならずしも善でなければ、彼らはむしろ「デーモン（鬼神）」の名を得る。

したがって、必ずや良きそして永遠の企図原理あるいは心によって、全てが統御されており、最善に向けて秩序立てられ、あるいは律されていると信じるものは、完全な有神論者となろう。

企図原理あるいは心をまったく信じず、あるいは偶然以外には事物のいかなる原因も手段も規範も信じず、結果的に、自然界では全体利益もいかなる部分利益も企図されず、追求されず、目的とされてもいないと言えるなら、完全な無神論者となろう。

至高の企図原理あるいは心が、一つではなく、（それらが本性において善であっても）二つ三つあるいはそれ以上あると信じるものは、多神論者となろう。

企図しているひとつあるいは複数の心について、それが絶対ではなくまた必ずしも善でもなく、最善なるものに限られているのでもなく、たんなる恣意や思いつきにしたがって振舞うことがありうると信じるものは、鬼神論者となろう。

全ての事物の因や宇宙の運営や統御といった極度に難解複雑な事柄について、常に一貫して、あるいはある一つの仮説にしたがって考える人は、ほとんどいない。たとえば最も敬虔な人々自身の告白においてさえ、時として、彼らの信仰がほとんど至高の叡智を信じる気持ちの支えにならない場合があること、また彼らはしばしば、神寵や全体の正義に適う統治について、有利ならざる評価を下したくなることは、明らかなのだから。

こういう次第だから、人の意見と呼ばれうるのは、他の何事についてもだが、その人にとって、もっとも馴染みがあり、ほとんどの場合に心に浮かぶものだけなのだ。だから誰についても、その人が無神論者であると確実に言い立てることは困難なのである。というのも、彼の考えの全てがいつでも、どんな場合でも一定して、事物に企図が存在するという想定あるいは想像の一切に反対するものでない限り、彼は完全な無神論者ではないからである。同様にもし人の考えが、つねに一定してかつ決然と、物事における偶然や運命や悪しき企図を想像することに反対でなければ、その人は完全な有神論者ではない。しかしもし誰かが、企図よりもむしろ偶然と混沌を信じるならば、その人においてもっとも優勢あるいは有力なものから判断して、有神論者よりはむしろ無神論者と目されるべきである。そして、彼が善き企図原理よりも悪しきそれの優越を信じていれば、彼はむしろ鬼神主義者であるし、その判断の均衡が最も傾きがちな方向からして、そう呼ばれてしかるべきだ。

これら全ての種類の鬼神論者、多神論者、無神論者および有神論者は、混交しているであろう。宗教と相容れないのは、完全な無神論だけである。宗教のうちには、疑いもなく完全な鬼神論者が存在する。というのは、私たちは、実のところ、恐怖以外にその理由はないのに、国中で悪魔あるいは悪鬼を信じ、犠牲や祈りを捧げる者たちがいることを知っているからである。そして実は、私たちが良く知るとおり、一部の宗教においては、恣意的で暴力的で、悪を引き起こし苦しみを定める以外の神の概念をはっきりとは持たない人々がいる。これは要するに、悪鬼あるいは悪魔で神の代替えをするのと同じことだ。

さて優越する力に関しては諸々の意見が存在するため、そしてこの件についてはおそらく、懐疑主義や思想への無関心あるいは判断の混乱のせいで、確たる意見を全く持ち合わせていない人々もいるため、考察すべきは、どのようにして、これらの意見のどれかと、または確たる意見のこうした欠如と、美徳や長所がなんとか両立し、廉潔で道徳的な人格と折り合えるのか、ということなのである。

第二部

第一節

何事であれ、人の技や自然の通常の枠組みや在り方を考察するとき、全体についての有効な知識を欠いていると、特定部分の説明は、いかに困難なことか。これを思えば、自然そのものの在り方や枠組みにかかわる物事の多くについて、私たちが途方に暮れるのは、怪しむに足りない。自然界の多くの事物、いや被造物の全ての種についてさえも、それらがいかなる自然の目的に関わるのか、あるいはどんな用を足しているのか、正しく決定することは誰にとってても困難だろう。しかし多くの被造物において、多くの部分の姿や多様な形態が実際にいかなる役に立っているのかということなら、研究と観察の力を借りて、私たちもきわめて正確に示すことが出来る。

私たちは、あらゆる被造物には独自の私的な善・利益があることを、知っている。そして自然は被造物に、自らの在り方に可能な範囲内で、所与の有利さを最大限に活かし、それを追求するように努めさせているのだ。私たちはまた、どの被造物にも真実に正しい状態と誤った状態があること、また正しい状態は自然によって促進され、被造物自らもそれを熱烈に追求することを、知っている。どの被造物の中にも何らかの利や益がある以上、その在り方の全てがそれと当然関わりを持つような、何らかの目的も存在していなくてはならない。被造物の欲動や情動あるいは愛情がなんであれ、この目的に添っておらず、逆を目指していれば、必然的に私たちは、それを彼にとって悪しきものと考えるのである。そしてこのように彼が彼自身に対して有害なのは、ちょうど、そうした欲動や情動のため彼の同類を傷つけるときに、彼が彼らに対して有害なのと同じである。さて、もしも理性ある被造物全ての自然な在り方によって、彼を他の被造物にとって有害にしている欲動のその同じ不正則さが、彼自らにとっても有害であるとすれば、またもし、彼を有用なものとしている諸情の同じ正則さが、ある意味で、彼を他の人々にとっても有用なものとしているのであれば、彼をこのように他者にとって有用にしている善性は、彼自身にとっても真実の利、真の益なのである。かくして、美徳と益とは、最終的に合致しうるだろう。

この点について私たちは、探求の後の部分で特に取り上げ、考察するだろう。私たちの最初の企図は、私たちが「善性（goodness）」とか「美徳（virtue）」という名を与えているあの特質が何たるかを、私たちが明確に決定できるのかどうかを、見定めることにある。

もし歴史家あるいは旅行家が私たちに、これまで聞いたことがないようなある孤独な気質の被造物を描き出し、それにはいかなる種類の連れ合いも仲間も、好意を向けたり惹かれたりする同類もなく、自分以外には最低限の情動や関心を抱くものが何もないとすれば、おそらく私たちはさしてためらわず、これは疑いもなくひどく憂鬱な被造物だと、そしてまた、このような仲間も楽しみもない状態で実に慰みのない類の生を営んでいるのだと、言いたくなるかもしれない。もしも、外から見てはこうであるにせよ、実はこの被造物はとても楽しく過ごしており、生をおおいに享受していて、自らにとっての幸せに欠けるところは何もないのだと聞けば、この被造物は怪物などではなく、自らに関しては馬鹿げた在りようをしているのでもないことを、おそらく認めるのかもしれないが、しかし結局のところ、私たちはこれが良き被造物であるとは、とても言う気にはなるまい。

しかしながらそれに反して、この被造物は、そのようではあっても自らにおいて完全であるから（というのも、この被造物は他者と何の関わりがあるだろう?）、したがって良きものと見なされるべきだと強調されれば、私たちは、この意味では、実際これは良い被造物だと認めざるを得なくなるかもしれない。もしこの被造物が自ら以外の宇宙に存する何事にも現実的関係をいっさい持たず、自らにおいて絶対で完全であると解されうるとすればの話だが。というのも、もし自然界のどこかに、この被造物がその一部だと考えられるような体系があるとすれば、それが含まれる体系全体に対して、有益であるよりもむしろ害をなすように作られた部分であるのは明らかなのに、この被造物が良きものと認められることはありえないからだ。

したがってもし、これや他のどんな動物の構造にせよ、そこに何らか自らの範囲を超えるものが存在すれば、またそれによって自ら以外の何らか別の存在と関係を結んでいることが明らかに見出されるならば、この動物は疑いなく他の体系の一部だとみなされよう。たとえば、ある動物が雄の姿を持っていれば、それは雌と関係があることを示すのである。そして雄雌両方それぞれの体形があれば、必ずや、それらを超える別の存在や秩序と統合的関係をもつことが可能になるだろう。だから、この被造物は雄雌どちらも、また別の体系の一部と考えられるべきである。そしてその体系とは、特定の族あるいは種の生き物の体系であり、それらは物事の何らかの秩序もしくは在りようによって、何かひとつの性質を共有するか付与されており、お互いの維持と扶養へ向け、一緒に協力して生を営むのである。

同様の次第で、もし何らかの動物種全体が他の何らか動物の存在あるいは福祉に貢献していれば、その種全体は総じて他の体系の一部に過ぎない。

たとえば、蜘蛛という存在にとって羽虫の存在は、絶対に必要だ。羽虫の不注意な飛行そして脆弱な殻と体が、それを獲物に相応しく定めてしているのと同様に、蜘蛛の粗剛な作りと用心深さと狡知が、その略奪と罠仕掛けを役割とするに相応しいのである。蜘蛛の巣と羽虫の翅とは互いに似合いなのだ。そしてこれらの動物の互いの体の作りには、互いに明らかで完全な関係があり、それはたとえば私たちの体の四肢と諸器官の間でも同様だし、樹木の枝葉でも同じように、私たちはおのおのがお互いに関係をもち、全てが共通の一つの幹と根に繋がっていることを、知るのである。

同じ次第で、羽虫はまた他の諸動物（例えば禽類と魚類）の存在にも必要だ。かくして、他の諸々の種も、何らかの体系の部分としてお互いに役立っており、同じ一つの存在階梯に含まれている。

したがって、全ての動物には一つの体系がある。すなわち、動物界の秩序あるいは組織であって、これに従って動物の事柄は律され処理されているのである。

さてもし、動物体系の全体が、このより下位の世界における植物およびその他の事物の体系と一緒に、私たちの地球あるいは大地という一つの体系のなかに適切に包含されているならば、そしてまたもし、この地球あるいは大地自身が、私たちのさらに彼方に存在するほかの何か、たとえば太陽や銀河やそこにある似たような惑星に、本当に依存しているようにみえるとすれば、この地球も実は他の何らかの体系の一部なのだ。そしてもし同様に、全ての事物と普遍的自然の体系が存在することが認められるとすれば、宇宙のその一般的体系の中には、有益でも有害でもない特定の存在や体系はありえない。というのは、もし何かが無意味で無用であれば、それは誤りか不完全であって、畢竟するところ、体系一般にとって有害だからである。

またもし、何かが完全に本当に有害だとすれば、それは宇宙の体系に関わる有害さでなければならず、すると宇宙の体系そのものが有害であるか不完全ということになる。しかしもし一つの私的な体系の悪が諸々の体系にとって善であれば、そしてさらには一般体系にとっても善であれば（たとえば、一つの被造物が他の被造物の破滅によって生きるとか、あるものが他の堕落によって生成するとか、あるいは一つの惑星体系あるいは渦系が他のそれを飲み込むといった場合）、その私的な体系の悪はそれ自体においては、歯が生えかける痛みが体系あるいは肉体に対して有害という以上の悪ではない。その体系や肉体はそのようにできているのであって、苦痛というこのきっかけがなければ、不完全さのためによりいっそうの苦しむのである。

だから私たちは、私たちが「悪」と呼ぶものが、他のどの体系においても、あるいは他のどんな秩序や組織においても、つまりは他のどこでも善ではないということを明確に示し確証しえない限り、それが完全かつ絶対に悪とは言えないのだ。

しかしもし世界に、全体が他の全ての動物種にとって破壊的であるような動物種がいれば、それは動物体系における悪として、悪しき種と呼ばれてしかるべきだろう。そしてもしいかなる動物種であれ、たとえば人間を例に取れば、ある人が他の全ての人に対して本性的に有害であれば、彼はこの点で悪人と称されて然るべきである。

しかしながら私たちは、誰かの顔に疫病の斑点が浮かんでいるからといって、あるいはまた近づく者を殴って傷つけるような痙攣性の発作があるからといって、彼を悪人とは言わない。他方また、両手を縛られているために企図する悪事をなしえないでいる者、あるいは（ある意味同じなのだが）なんらかの罰がすぐに下されるのを恐れたり、外から約された報酬に釣られて悪事の実行を控えている者を、善人とは言わない。

だから、分別のある被造物においては、なんらかの情意をもって行われたのでない事は、その被造物の本性において善も悪も作り出さない。この被造物がそれゆえに善と考えられるのはただ、彼が関係を持つ体系の善あるいは悪が、彼を動かすある感情あるいは情意の直接の対象であるときだけなのだ。

したがって、ある被造物が善とか悪とか、あるいは自然だとか不自然だとか評価されるのは、ただ情意によるのだから、私たちがなすべきことは、善なる自然な情意はどれか、また邪で自然に反する情意はどれかを、検討することであろう。

第二節

だからまず第一に、私的な益と考えられる何らかのものに向けられる情意があるとしても、この益が実際には想像上のものであれば、この情意は余分で、他の必須で善なる情意の力を削ぐものであるから、その被造物の私的な利あるいは幸せという観点からでさえ、それ自体、邪悪なものと認められるだろう。

もしある被造物において、仮に私益・自己益に向かう情意があり、実際に自然な程度において、それ自体の私的な利に資するとしても、それが公益と両立しないのであれば、実のところ、これはやはり邪な情意と呼ばれてよいだろう。そしてこのように考えた場合、ある被造物は、自らに対して邪悪でかつ不自然であることなしには、自らの社会あるいは公に対しては、実際、善でも自然でもありえないことになる。しかし、もしその情意が、常軌を逸している場合にのみ社会に対して有害で、常軌に適い、きちんと調節されている場合にはそうではないとすると、本当に悪いのは常軌を逸した度合いであって、常軌に適っていれば悪くはない。だからこのように、どんな被造物においてであれ、もし自己あるいは自己の利への普通以上の関心が見出され、それがこの種のあるいは公けの益と両立しない場合には、これはあらゆる点で、邪悪な情意であると見なされねばならない。そして、これこそが、私たちが一般に利己心と呼び、どんな被造物の中にであれ、たまたま見出すことがあれば、強く否定するところのものなのである。

他方、私的あるいは自己益へと向かう情意が、どれほど利己的に見えるにしても、実際には公的な益に整合しているばかりか、何ほどかでもそれに寄与していれば、そしてもしこの情意が、おそらくは、その種の一般的な益のため全ての個体が当然共有しているようなものであれば、それはいかなる意味でも悪として責められるどころか、被造物を良いものとして成り立たせるために絶対必須であることが、認められねばならない。だから、たとえば自己保存に向かうような情意が欠けていることが種にとって有害であれば、他のどの自然な情意の欠落によるのとも同様に、これが欠落している被造物は邪で不自然ということになる。もし先に崖があっても気にしない者とか、自分の健康や存在に関わる食物・食事や衣類等諸々について全く区別しない者を見れば、このことは誰もが疑わずに明言するだろう。女性との付き合いを一切拒む気質を持ち、結果として、単に体の不具合ではなく気質の邪さから、自分の種あるいは類の繁殖に不向きになる者についても、同じことが断言できよう。

このように、自分にとっての益に向かう情意は、善でも悪でもありうる。というのは、生への過剰な愛が被造物をいかなる寛大な行為にも不向きにする場合のように、もしこの私的情意があまりに強ければ、それは疑いもなく邪悪だからである。そしてもし邪悪なら、それによって動かされる被造物も、邪に動かされていることになり、それに動かされていれば、何らかの程度において邪たらざるをえない。したがって、もしそのような心からの熱烈な生命愛によって、ある被造物がたまたま善を為すべく導かれても、同様の条件で悪を為すべく導かれることもありうるので、実践したこの善ゆえに、彼がより良い被造物とはいえないのは、ただ自分の料金あるいは報酬のために、大義名分を訴えたり正義の為に戦ったからといって、より廉潔だとかより良い人間ということにはならないのと同様である。

従って、何であれ単に自己益に向かう情意のために、種にとってたまたま有利であることがなされたとして、その被造物にとっては、その情意自体は良いものであるという以上のことを含意するわけではない。彼が特定の事柄においていかに良く振舞っても、もし心底において彼を動かすものが利己的情意に過ぎなければ、やはり彼自らのうちには邪さがある。どのような被造物であれ、種としての自然な情意が当然のこととして導いた事柄を行うに際して、どれほど穏健であれ、自分益へとむかう情熱が彼の真の動機であるなら、他の考え方はありえない。

そしてまさしく、何であれ外部の援助や救援が邪悪な気質の被造物を何らかの良い行為の実践へと押しやるとしても、彼の気質が大いに変化して、この問題に関して本気でなんらか切実な情意に導かれ、偶然でなく直接に悪に対抗して、善に導かれるようにならない限り、彼のうちに善性は生じない。

たとえばそうした被造物の一つがもし、生来おとなしく優しくて人間に対して好意的なはずなのに、本来のありように反して、凶暴で獰猛だとすれば、私たちは直ちに気質の乖離に気づき、この被造物が不自然で堕落していると考えるのである。もしその後いつであれ、この同じ被造物が、幸運か正しい管理のおかげで獰猛さを失い、この種のほかの被造物同様におとなしく優しく従順になれば、このように陶冶された被造物はかくして善良で自然になったことを認めるのである。さてもし、この被造物が実際におとなしくて従順な様子をしていても、それはただ飼い主を恐れてのことだとすれば、それを除けると、彼の主たる情動はただちに露になるのだから、そうすると彼の温和さは真実の気質ではなく、真実真性の性質あるいは本性はかつてと同じままであり、この被造物は相変わらず、邪なままなのである。

したがって、生得の気質に由来する以外、被造物においては何ものも全く善良あるは邪悪ということはないのだから、**良き被造物とは、生得の気質あるいは情意の傾きが、第二義的あるいは偶発的にではなく第一義的かつ直接的に、悪に対抗して善へと向かう、そのような被造物である。**そして悪しき被造物とはその正反対であって、すなわち、**彼を直接に善へと向かわせ、悪に立ち向かわせるに十分な力を持つ正しい情意を欠くもの、あるいは善に対抗して直接に悪に向かう他のもろもろの情意に流されてしまうものなのだ。**

上述のように、一般に全ての情意や情動が公的な善あるいは種にとっての益に適合している場合には、生得の気質がなべて善良なのである。もし逆に、何らかの必須の情意が欠けていたり、あるいはもし何らかの余分で脆弱な、いずれにしろ役に立たない、あるいはまた主たる目的に反した情意が存在すれば、生得の気質、そして結果的にその被造物自体が何らかの程度において堕落しており、邪悪なのである。

嫉妬や悪意や出しゃばりあるいはそうした憎むべき情動については、それらがどのように悪いのか、そして邪悪な被造物を作るのかにあえて触れる必要はない。しかしおそらく、たとえば子孫に対する情動のような最も自然な類の親切心や愛についてさえ、もしそれが慎みを欠き常軌を逸していれば、疑いもなく邪悪であると述べておく必要はあるだろう。というのもこうした行過ぎた優しさは愛の効果を破壊するからであり、また過剰な哀れみは私たちの援助を不可能にしてしまうからである。それゆえ、母親のような過剰な愛は邪な愚かさとされ、過剰な哀れみは女々しさや柔弱さとされる。また自己保全への過剰な懸念も小心さや臆病さとされる。少なすぎれば無鉄砲になるし、全く欠けているかそれに反するなら、すなわち自己破滅へ至る情動であり、狂的かつ絶望的な堕落とされる。

第三節

しかし単なる善と評価されるもの、全ての分別ある被造物にとって到達できる範囲内にあるものから、美徳あるいは長所と呼ばれて人間だけに許されているものへと話を進めよう。

物事について一般概念を形成する力をもつ被造物においては、感覚に自らを供する外的存在のみが情意の対象なのではなく、まさに行為自体と憐憫や親切や感謝といった諸情意およびこれらの反対物もまた、想起によって心にもたらされ、その対象となるのである。そのため、この想起された感覚によって別種の情意が生じるが、それはすでに感じられ、いまや新たな好き嫌いの対象となっている諸々の情意それ自体へと向かうものとなる。

心理的あるいは道徳的な諸々の対象においても、通常の物体や感覚の一般的対象と同様である。これら後者においては、存在の形や色や諸々の動きや姿が私たちの目に入り、部分部分の異なる寸法や配置や在りように従って、必然的に美醜という結果が生じるのだが、そのように、振る舞いと行為においても、それらが私たちの理解に供されるとき、対象の調和あるいは不調和にしたがって、明らかな相違が見いだされざるをえないのだ。

他の諸々の心の観察者あるいは監査人であるであるような心は、何ものも見逃さないし、聞き逃さないので、その前に出現する姿を見分け、音を聞き分け、感覚や思念のそれぞれを精査する。何者もその批評眼を免れることはできない。柔弱か粗剛か、情意において好ましいか好ましくないかを感じ取り、美か醜か調和をもたらすか乱すかを見てとるが、これは、実際のところ、本当に何らかの音楽の調べや感覚対象物の外面的な形や表れに対するのと同様である。この心はまた、これらの対象のある物への憧憬と熱狂を留め隠しおおすことができないのと同様に、他の物への嫌悪と軽蔑を留め隠しおおすこともできない。だから、物事の荘厳さと美しさに関する一般的で自然な感覚を否定することは、この事柄をしかるべく考える誰にとっても、わざとらしい気取りに見えるだけだろう。

さて、知覚できる類いの事物では、物体の種類や印象そして色彩や音は、睡眠中でさえ恒常的に私たちの眼前で動き諸感覚に働きかけているが、そのように、道徳的・知的な類においても物事の形や印象は同様に活動を減じることがなく、それどころか実物が存在しないときでさえ、何時でも心に懸かっているのである。

心が必然的に自らに似せて形作り、つねに持ちまわる、諸習慣のこうした定めなき性質あるいは像に、心はいかにしても中立ではありえず、あれやこれやの仕方で常に加担しているのである。心は、その中はいかに誤り腐敗していようとも、美と好ましさにしたがって、一つの心と他の心の間に、一つの情意の性行や振る舞いや感情と他のそれの間に相違を見出すのであり、したがって、公平無私な場合はすべて、ある程度、自然で廉潔なものを肯定し、不徳義で腐敗したものを否定することになる。

かくして、生の多様な場面における被造物の種々の動きや傾向や熱意や気質とその結果生じる様子や振る舞いは、種々の見方や考え方のなかで心に示される。そして心はそれが種あるいは公にとって善か悪かをただちに見分けるので、そこに新たな試練あるいは心の働きが生じるが、それは当然、正義に適い正しいものに正当かつ健常に情意を向けて、それと反対のものを嫌うか、あるいは、邪悪なものに情意を向け、良くかつ立派なものを嫌うかのどちらかになる。

そして私たちが、どのような被造物であれ、それを価値があるとか美徳があると呼ぶのは、その被造物が、公益の概念をもつことができ、道徳的な善と悪、尊敬に値するか否か、正邪の何たるかについての思索や理解に達しうる、この場合においてのみなのだ。というのは、私たちは御しにくい馬を口汚く性悪と呼びはするが、素直な馬について、あるいはただの獣や痴愚や魯鈍について、どれほど性質が良くても、立派だとか美徳があるとは決して言わないからである。

そこでもし、ある被造物が寛大で親切で、忠実で情け深いとしても、もしそれが立派なことや廉潔なことに気がつくため、自身の行いや他の行いを見て思案したり、このように注目した立派さ廉潔さという概念を情意の対象とすることが出来るのでなければ、彼は美徳という性格を備えてはいない。というのは、他でもなくこのようにして、彼は曲直の分別や、事が正義に適い、衡平な良い情意によって為されるのかその逆であるのかについて、感情あるいは判断をもつことができるのだから。

何であれ衡平を欠く情意によって為されることは、非道で邪悪で不正である。もし情意が衡平で健全かつ良いものであり、情意の主題それ自体が社会に益を生むべく常に同じように遂行され目指されるのであれば、情意はいかなる行為においても、必然的に私たちが衡平かつ正当と呼ぶものを構成するのだ。というのは、悪事とは、被害の原因とはほとんどいえないような行為でなく（もしそうなら、敵を狙いながら過ちか不運でたまたま父親を殺してしまった孝行息子がしたことも悪事となるだろう）、何事かが不十分あるいは衡平を欠く情意によってなされるとき（たとえば息子が父親の安全に関心を示さないとか、救援の必要があるのに、赤の他人を父親より大事にするとか）であり、それが悪事の本質なのだから。

また諸感覚におけるいかなる弱さや不完全さも、もし心の対象そのものが、何時もばかげた想像だったり、とにかくふさわしくないというのではなく、そこに向けられる情意と意見にふさわしく、適正でかつそれに値するものであれば、不正や悪事の誘因とはなりえない。というのは、もし私たちが、理性も情意も健全で完全ながら、体躯のありようが非常に劣悪なために、彼の感覚器官を通した自然の事物は、歪んだレンズ越しに見るように誤って不正確にしか伝わらない、といった人を想像してみれば、そのような人の場合、逸失は彼の主たる部分あるいは最重要の部分にはないわけだから、彼を悪辣だとか不正義だとか見なすことは出来ないと、ただちに分かるだろう。

意見とか信心あるいは思惟に関わる事柄においては、話が違う。というのは、判断や信心というのは非常に途方もないもので、一部の国々においては猿や猫や鰐といった不快有害な動物が神聖とされ、神としてさえ崇められてきているから、もしも、その宗旨や信心をもつ人々の国々において、誰もが猫のような動物を、親に先んじて救命することが正しく、この同じ宗教的意見をもたない人々は改宗するまで敵として扱われることになると思ったとすれば、これは確かに信者が誤っており邪悪なのであって、このような信心に根ざすすべての活動は、邪悪で性悪な堕落した活動であるだろう。

かくして、いかなるものについてもその値打ちあるいは価値の誤った概念あるいは理解を生じさせ、結果的に正当な情意を減じさせたり、不当で不正則あるいは反社会的な情意を増進させるものは何であれ、必然的に不正の誘因とならざるを得ないのである。かくして、廉潔だと称せられているが実は悪辣なものの故に、ある人に愛や情を向ける人は、自らも悪辣で邪悪ということになる。こうした堕落の始まりは多くの機会に見出されようが、それはたとえば、野心を抱く者が自らの偉業の名声によって、また征服者や海賊がその大胆な企てを吹聴することによって、他人の心中に、じつは嫌悪に値するその不道徳で非人間的な人格への評価と賛美を生み出す場合がそうだ。聞いている者が堕落するのはまさにこの時、つまり耳に入ってくる悪を彼がひそかに肯定する時である。しかし他方、実は偽りにすぎない美徳を備えていると信じて、他人を愛し敬仰する者が、だからといって、悪辣あるいは堕落しているというわけではない。

したがって過ちは、実のところ悪しき情意の原因でも標しでもないから、悪徳の原因ではありえない。だが正しさを取り違えることは、衡平を欠く情意の因でありうるので、知性をもち理性を有する全ての存在において、必然的に悪辣な行為の因とならざるを得ない。

しかし正しさを巡る事柄については、多くの場合、もっとも分別ある類の人々の判断でさえ困難であやふやだと思われるので、この種の些細な過ちが美徳を備えた立派な人格を破壊することはありえない。そうではなく、迷信あるいは悪習のせいで情意の配置や適用に著しい過ちが生じるとき、あるいは、その過ちが本性的にきわめて低劣あるいは複雑で頻繁であるときには、被造物は自然な状態で良く生きることも、人間社会および市民的生活に整合する情意をもって生きることもできないとき、このようなときにこそ、美徳を備えた人格が喪われるのである。

かくて私たちは、立派さと美徳とが、どれほど正邪についての知識に依存しているかということ、またどれほど諸情意の正しい適用を保証するにたる理性の使用に頼っているかということを見いだす。そしてまた、おぞましかったり不自然だったり、模範たりえなかったり、それによって種や社会が支えられている自然な情意を破壊するものは何であれ、いかなる名誉の原理や宗教の概念によるものであれ、どんなことがあっても、どんなときでも、良きまた適切な尊敬の対象として、目指されたり実践されたりしてはならないことを知るのだ。なぜなら、こうした原理は全くの悪徳に違いないし、それに則って行われた何ごとも、悪徳と不道徳以外ではありえないからである。かくして、もしも神をダシに保証したり、あるいは現在あるいは将来において人類にとって良いのだという態度で、それを口実に、人々に裏切りや恩知らずあるいは冷酷さを教えたり、愛と称して友人を迫害することを教えたり、戦争捕虜を面白がって拷問したり、人間の生け贄を捧げたり、宗教的情熱から自分を神前で苦しめ、断食し、切り刻んだり、あるいはいかなる類であれ野蛮で野獣的なことを愉快で相応しいこととして行ったりするならば、それを誉めそやす慣習や容認する宗教は、決していかなる種類の美徳でもありえず、いかなる意味においても、つねにおぞましい堕落であるにとどまる。もっとも、不正でそれ自体邪悪なものでありうる、いかなる風儀であれ法であれ、慣習あるいは宗教であれ、**立派さと美徳の久遠の尺度と不変にして独自の性質**を決して変更することはできないのだけれども。

第四節

総体として見れば、知覚できる対象によってのみ動かされうるような被造物については、それを知覚できる情意が備わっている度合いに応じて、それらは善良だったり性悪だったりする。だが道徳的な善を備えた理性的対象を心に描ける被造物においては、様子が異なる。というのは、この種の被造物においては、もし知覚できる情意がもし手ひどく誤っても、それらが前述の他の諸々の理性的な情意のおかげで優勢を得なければ、その気質は大略善良さを保つので、その人は当然、万人から美徳ありと評価されるのは、明らかだからだ。

さらに、誰であれ気質によって情熱的だったり怒りやすかったり、恐怖を感じやすかったり、愛を抱きやすかったりしながらも、それでもこれらの熱情に抗することができ、これらの影響力にもかかわらず美徳を離れることがなければ、こういう場合、私たちは一般に「美徳が勝る」と、巧い言い回しをする。とはいえ、この人を掣肘し、美徳まがいの振る舞いにつなぎとめているのが善性や美徳自体へと向かう情意ではなく、単に私的な益に向かう情意であるなら、実際には、彼は、すでに示した以上の美徳があるわけではない。それでももしかし、もし他からの抑止がなくても自発的に、怒りやすかったり愛しやすかったりする気質に耐え、どれほど強く誘われようとも、冷酷だったり慮外だったりする行動に決して陥らないなら、私たちはむしろ彼にこの誘惑や諸々の傾向がない場合に当然喝采する以上に、その美徳に喝采を送るのは明らかである。同時に、悪徳への傾きは美徳の一要素だとか、それがやはり美徳ある人柄を作るには必要だとか、言う人はあるまい。

したがって、ある種の困難があるようにみえても、この場合それはただ、以下のようなことに過ぎない。もしも一部を悪い情熱とか情意に席を占められた気質の人がいても、道徳的良さに向かう諸々の情意が他の部分を占めていて、後者が敵手たる前者の数々の試みを完全に押さえ込んでいるなら、これは、強力な道徳原理が根底に存在し、かつそれが生来の気質を支配していることの、想像しうる最も有力な証拠である。これに対して、悪い情熱が蠢動していない人の場合は、より楽々と美徳を備えるだろう。つまり彼は、前者ほどに美徳の原理を共有していなくても、美徳の諸々の既存の尺度に自らを添わせることができるだろう。しかしもし、美徳の原理が強固に根付いているこの前者が、彼の内にあると思しい、正反する諸々の支障をついになくすことになれば、彼はたしかに美徳の一片をも失うことなく、逆にただ、彼の気質にある邪なものを失うだけなので、より完全な美徳のみが残され、それをより高い程度において所有することになるのである。

かくして美徳は、理性のある被造物、あるいはともかく理性的と呼ばれてはいるが、健全でしっかり確立された理性――これのみが正義に適う情意、均一で安定した意思を構成できる――には達していない被造物において、異なる度合いにおいて共有されているのである。またかくして、悪徳と美徳は様々に交じり合って見出され、人間のもつ多彩な性格において交互に優勢となる。というのは、私たちの探求から明らかだと思われるが、耳目に触れる、あるいは道徳的な対象に関して、気質や熱情がどれほど敵意のある状態にあっても、被造物がどれほど熱情的で激情的で欲情的あるいは冷酷になろうとも、またどれほど心が邪悪になろうと、あるいは従っている諸々の原則原理がどれほど悪いものであろうと、それでもなお、道徳的対象に向ける最低限の好意あるいは柔軟さがあれば、また少なくとも（あたかも親切、感謝、博愛あるいは同情をもちあわせているかのような）道徳的善良さの見かけがあれば、なにほどかの美徳はなお残されているのであって、その被造物が完全に邪悪だったり自然に反しているということはないのである。

かくして、無頼漢が、どんな類の忠誠心と名誉心からであれ、仲間を暴露することを拒み、裏切るよりは、むしろ甘んじて拷問と死を選ぶなら、応用の仕方はいかに間違っていようとも、彼は確かに何らかの道徳原理をもっている。自分の仲間たちに対して処刑者の役を果たすより、むしろ彼らの処刑に際して仲間たることを選ぶ犯罪者の場合も、同じことが言える。

要するに、誰かについて「彼は全くの無神論者」だと断言するのが難しいと思えるように、たとえ極悪人たちであっても、このような意味での不完全な美徳を幾分かさえもたない者はほとんどないのだから、「彼は完全に堕落している、あるいは邪悪だ」と断言するのも、全く同様に困難に思われる。良く知られた「全くの悪人も全くの善人も見つけるのは難しい」という言い習わしほどもっともなものはないが、それというのは、何らかの良き情意が残っていれば、間違いなく何らかの善性あるいは美徳がまだ存在するからなのだ。

そして、美徳それ自体は何であるかをこのように考察してきたのであるから、私たちは今や、既に述べたような神性に関する諸意見に対して、美徳がどういう位置にあるのかを考えても良いのではないか。

第三部

第一節

説明してきたように、美徳の本質が道徳的対象の善悪に対して理性的被造物がもつある種の正しい気質、あるいは釣り合いの取れた情意にあるとすれば、そのような被造物においては、以下の場合においてのみ、美徳の原理を排除したりそれを無効化したりすることが、ありえよう。

一、自然でかつ正しい善悪の感覚が取り除かれているか、

二、あるいは、善悪についての誤った感覚を創り出しているか、

三、あるいはまた、善性の感覚が反対する諸情意によって阻止されているか、である。

一方、美徳の原理を助けて促すことができるのは、何らかのやり方で善悪の感覚を養い高めるもの、それを純粋で堕落しないように保つもの、あるいは、そのような場合に、他の情意をして美徳に従わせ、服従させるもののみである。

私たちはそれゆえ、神性という主題に関する前述の意見のどれが、これらの事例にどのように影響を与えるのか、あるいはこれらの三つの結果のどれを生み出すのかを考えることにしよう。

一、第一の場合、つまり自然でかつ正しい善悪の感覚が取り除かれている。

これが意味するのが、種もしくは社会における善悪の概念の喪失であるとすれば、それは確かに理解の埒外であろう。というのは、そうした善悪の現実について、理性的な被造物ならばおよそ気づかずにはいられないからである。誰でも、公的な益は見分けて了解しており、仲間感情や共同体に影響するものを意識している。したがって、私たちがある被造物について「完全に善悪の観念を失ってしまった」と言うときに、私たちはこの被造物が、自分の種にとっての良さ悪さは見分けられるが、同時に、善または悪に関わるどんな道徳的行動の素晴らしさあるいは卑賤さについても、いかなる関心も持たないであろうと思う。結果として、そのような被造物においては、私的で狭く封じられた自己益に関わるもの以外は、道徳的に良いからといって風儀について好き嫌いも敬意も愛もなく、あるいは道徳的に悪いからといって、それがいかに自然に反しあるいは醜悪であろうと、何かを憎悪することもないだろう。

いかなる理性的な被造物であれ、誰かを意図して攻撃したり害したりすれば、必ずや同様の害についての不安や恐れを生じさせるし、結果的として、きっと彼を見ている誰にも怨責感情と敵意が生じるということを知らないようなものは、実際には存在しない。だから、当の攻撃者は、あたかもある程度全員を攻撃したかのような扱いを、誰からも免れないことを意識せざるを得ないのである。

かくして誰もが、攻撃と損傷にはつねに罰せられるべきであり、衡平な（それゆえに美点と呼ばれる）振る舞いは報われるべき立派なものだと、理解しているのだ。これについては、生きとし生ける被造物のうち最も悪辣なものでさえ、理解しているに違いない。そこで、この善悪の観念にさらにまだ意味があるとすれば、そしてもし、絶対的に邪悪な被造物には欠けているこの種のなんらかの善悪の観念が現実に存在とするならば、それはかならず、不正義あるいは悪に対する真の嫌悪あるいは反発のうちに、そしてまた衡平さと正しさそれ自体に対して、またそれ自身の自然な美と価値ゆえに向けられる、真の好意あるいは愛情のうちに、存するに違いない。

元々不出来で自然に反しているため、知覚できる事物と出会った瞬間からもつはずの、自分の種に対するいかなる善き熱意もなく、哀れみの情や愛や親切心あるいは社交的情意の基盤ももたない、ただ知覚のみの被造物を想定するのは不可能である。また理性を備えた被造物が、最初に理性的な事物と出会って、自らの心に正義と寛容さと感謝あるいは他の諸々の美徳のイメージあるいは表象を受け入れれば、これらを愛好したりその逆の諸々を嫌うといったこともなく、彼に対して提示されるこの種のものに対して完全に無関心な状態にあると考えることも、まったく不可能だ。実際心は、自らがいささかなりと知識をもつ物事について、敬愛の念なしでは、知覚できないも同然なのだ。したがって、この新しいやり方で見たり尊敬したりする能力に到達すれば、心はかならずや美と醜を、姿や音や色彩と同様に、行動や心や気質にも見出すようになる。もし道徳的行動に、真実の好ましさや醜さが存在しないとしても、少なくともそのイメージは十分に存在する。おそらく、それ自体は自然において許されるはずがないものでも、それを想像し空想することは、自然のみを素材とすれば許されるに違いない。ただ長い練習と瞑想を伴う技と非常な努力によってのみ、心の本性的障害あるいは先天的傾向を克服し、この道徳的特質を選ぶことが可能になるのだ。

善悪の感覚は、したがって、生来の諸情意と同様に自然であり、また私たちの在り様と気質の第一原理でもあるから、いかなる思索的意見や説得あるいは信念も、それを直ちにかつ直接に排除したり破壊したりすることはできない。源発的で純粋な本性を有するものは、（第二の本性たる）逆の習慣や慣習によってしか、排除されえない。そしてこの情意は、魂あるいは情において最初に生じる源発的なものであるから、逆の情意のみが、頻繁な点検と統御によって、それに働きかけて部分的に縮退させたり全体を破壊したりすることができる。

私たちの肉体の枠組みと理法に関するところから明らかだが、奇矯な態度や振舞いは、私たちにとって生来で、気質にとって必然的であれ、偶然に慣習によって獲得したものであれ、私たちが直ちに否認し、あるいはきわめて強力な意思で対抗すれば、なんとかして克服できるだろう。そうした変化は、尋常ならざる手段と技と方法、さらには厳格な注意と反復点検なくしては起こしえない。しかもそのようにしてさえ、私たちが知る限り、本性は容易には統御されえず、不機嫌に居座って、機会があればいつなりと反攻に転じるのである。これ以上なのが、善悪の感覚を作り出す、あの本性的な情意と予測する想像力に関わる、心の場合の奇矯な態度や振舞いだ。直ちにあるいはさしたる力も暴力も用いずに、これを生来の気質から消したり叩き出すことは、最も過激な信や意見をもってしても不可能である。

したがって、有神論も無神論もあるいは悪霊主義もいかなる種の宗教的・非宗教的な信念も、この場合には、直接あるいは直裁にではなく、間接的に、たまたまそうした信念に刺激された肯定的或いは否定的な情意の介在によってしか働きかけることはできない。私たちはこのことの効果を最後の例で考えてもよかろう。そこでは、善悪に関係するこの生来自然の道徳的情意が、他の諸情意と整合するかしないかを、検討することになる。

第二節

二、第二の場合、つまり善悪についての間違った感覚あるいは偽りの想像。

　このようなことはただ、本性・自然に反する慣習と教育の力から生じうるが、たとえば、慣習あるいは政治制度のために、本質的に間違っていておぞましいある種の諸行為が、それらに帰せられる賞賛と名誉をもって繰り返し眺められるような国々には、認められるだろう。というのはこのようにして、人が自分の敵を自らの胃の腑のみならず本性にも逆らって無理にも食し、それでもなお、これは自分の共同体をおおいに裨益しかつ自分の民の名を揚げ、その恐ろしさを広めるとの思いから、正しくまた名誉あることだと考えることが可能になるのだから。

　ともあれ、神に関する諸々の意見と、それらの意見がこの場にどう影響しうるかについて、語るとしよう。無神論については、これが間違った種類の善悪の別を成り立たせることに対して、仮にも直接の影響をもつということはないようだ。というのは、人というものは、無神論によって好まれるような慣習や行いの気随気儘のために、いつかは自分生来の道徳的感覚の相当部分との接触を失うようになるとしても、それでもなお、無神論それ自体は、それとは正反する、美しく高貴で立派な物事のいかなる評価や価値付けの因になるとは、思われないからだ。無神論は、たとえば、人肉を食したり獣欲を満たしたりしうることを、それ自体が善でかつ優れたことだと考えさせることは、決してできないのである。しかし、腐敗した宗教あるいは迷信によって、この上なくおぞましく不自然で非人間的な多くの事柄が、本性的に優れていて善良かつ褒めるべきこととして受け取られるようになるのは、確かなことだ。

　これは驚くべきことでもない。というのも、本性においておぞましく嫌悪を誘うものが、至高の神が意思したりその意に適うと思われるとして宗教によって推される場合は常に、もしそうであっても信者の目にそれがいかなる面でもいささかも悪さやおぞましさが減じるように見えなければ、責めは必然的にこの神が負うことになり、誤信と恐怖からいかに奉られ頼られていようとも、この神は本性的に邪悪でおぞましいものと考えられるのである。しかしこれこそが、大部分の宗教が想像さえも禁じるところである。宗教はどこにおいても、礼拝と尊崇との抱き合わせで、名誉の献納を義務として課す。したがって、宗教が邪悪な性格が明らかな神への愛と尊崇の献納を課す場合はいつでも、そのような邪悪さを愛し尊崇するようにも教えており、本性的におぞましく唾棄すべきことを、良くまた好ましいものと受け取るようにさせているのである。

たとえば、ジュピターが敬愛と尊崇を受けている存在だとして、もし彼が愛欲に傾きこの種の欲望をだらしなく野放しにしているように物語に描かれていれば、彼を礼拝する人々は、この話が文字通りのことであって厳密に真実だと信じ、当然のこととして愛欲とふしだらな行動をより愛好するように教えられることになる。もしある宗教が、意地悪でひどく妬み深い性格の神、されたことが気に障れば怒りや憤激や復讐心の虜になって当事者以外の他人に報復するこの神を崇め愛せよと教えるとすれば、もしこの神の性格に人々の間に虚偽と裏切りを助長するペテン師的気質まで加わっており、些細な理由で少数に好意的だが、他の人々には冷酷だとしても、このような宗教に無理やりに強いられれば、かならずやこの種の悪徳への肯定と尊重さえも生み出し、気まぐれで偏っていて復讐心が強く、偽善的といった、それに相応しい気質を育むのは明らかだ。というのは極悪な類の反規範的行動や人非人的振舞いでさえ、それらを最高の名誉と尊崇をもって讃仰し眺められるべきものと考える人にとっては、多くの場合、輝かしいものに見えるからである。

もしこの類の神の信仰あるいは礼拝に、一般的な形式を超えるものが何もなければ、つまりたんなる範例や慣習や抑制あるいは恐れから生じる以外のものが何もなければ、要するにもし何ら真実に心のこもったところや讃仰や愛が含まれていなければ、おそらく礼拝者は、善悪の概念について、大いに欺かれるということはあるまい。自分が神と考えるものの指示に従ったり、そのような神の満足のために必要だと考えることを行うとき、もし彼がその行為を自分の性向に反してただ恐怖から行い、密かに野蛮で不自然だと嫌悪していれば、たとえこの話題について何かを言う際、あるいは事例に即して何らかの公式のあるいは直接的な意見を形成しようと考える際にはどれほど用心深くしていようとも、彼はそれでもなお善悪についての理解や意識をもっており、すでに考察してきたごとく、自分の神のもつ邪悪な性質には、気づいているのである。しかし、もし信仰と敬虔な実践がさらに進むにつれて、気づかれないほど徐々に、彼が信じる神の邪悪さや恣意性や不公平さあるいは執念深さにいっそう馴染むようになれば、これらの性質自体との折り合いもたちまちしっくりするようになるだろう。そして、この手本の持つ力によって、この上なく冷酷で野蛮な行動さえ、彼はしばしば正義と法に適うばかりか神聖で模倣に値するとさえ考えるのである。

誰であれ、神の存在を信じ、公に自分は善良かつ公正であると考えている人は、正義と不正義、真実と虚偽、善悪といったものが独立して存在することを、想定していなくてはならない。というのは、これらによって彼は、神は正義であり義にして真であると言明するのであるから。もし神の意図や定めや法が唱えられるだけで、無条件で善悪を生み出すというのであれば、これらの善悪という言葉には何の意味もない。というのも、このように、もしもある矛盾を構成する両項が超越的な力によって真実だと認証されたら、結果的にそれらは正しいことになるからである。このように、もしある人が他の人の過ちのせいで苦しむように定められれば、その判決は正義に適いかつ衡平なものとなるだろう。またこのように、もし同様に恣意的かつ理由もないままに、永遠に悪を忍ぶべく運命付けられる者たちがいる一方で、常に善きものを享受する者たちがいるとしても、これもまたその教派においては、まかり通ってしまうだろう。しかしこうした基盤に立って、何についてにせよ、それは正義だとか不正だとか言うことは、何も言っていないに等しいか、無意味なことを言っているにすぎないのである。

そしてかくして、真実の敬虔さと心からの礼拝も、その物語やあるいは性格が、真実であって正義に適うような善い存在ではありえないように表されている超越的存在に献納されるならば、結果として、清廉さを喪失し、信者における思念の混乱と気質および慣習の腐敗を招かざるを得ないように思われる。彼がこのように自然に反する影響を受け、このように敬虔であれ不道徳ならば、彼の廉潔さは必然的に狂信に置き換わっていることだろう。

これに私たちが付け加えるべきはただ、ちょうど、ある神の悪しき性格が人々の諸情意を傷つけ、善悪についての自然な感覚を乱し弱めるように、他方でまた、常にまたどの点から見ても、最も厳正な正義に適い、至高の善と価値の真の模範であり実例であることが実際に明らかな神を信じることこそが、善悪の感覚の正しい理解と健全な判断を定めるのに貢献する、ということである。このようにして、全てに及び総体への不断の善き情意に表現される神の意思と博愛を見れば、私たちは必然的に、同様の原理と情意に則って、自分の力の及ぶ範囲と圏域において行動することを、自らに課す。そして私たちの種あるいは公にとっての善を、ひとたび私たちの目標あるいは狙いとして視野に入れるならば、善悪についての誤った理解や分別に導かれることは、いかにしてもありえないのである。

したがって、この第二の場合においては、宗教は、その種の本性の示すところによって大いなる善や悪をなす。そして無神論は、そのどちらにも、何の役にも立たない。というのも、いかに無神論が間接的には人が善良さや十分な善悪についての十分な感覚を失うようなきっかけとなるとしても、無神論だけでは、誤った種類の宗教を起こすきっかけにはならないからだ。それはただ、一般に迷信と騙され易さから生じる誤った宗教か迷妄な意見のみが、よくなしうることなのである。

第三節

三、さて最後の場合、つまり他の諸情意によって、自然な善悪の感覚が反対される。

何事についてであれ、程度はどうあれ、この種の感覚や良い情意をもつ被造物は、もし私的益と考えるところに向かう一定の落ち着いた情意や、何らか突然の強力で抗いがたい熱情、たとえば欲情や憤怒（これらは善悪の感覚のみか、まさに私的益の感覚までも屈服させ、自らを益するようなもっとも馴染み深く常識的な意見すら、覆してしまう）に向かう情意に阻止されなければ、必然的にこのよき情意に従って行動することは明らかだ。

しかし私たちがこの場で検討することは、この堕落が入り込んだり増長する各々の手段や方法ではない。私たちはこれから、神についての意見がどのようにして何らかの影響を与えうるかについてのみ、考えていく予定である。

内省を用いうる被造物が、神についての何らか定まった概念を抱く時点以前に、道徳的行動についての好悪を、したがって善悪の感覚を抱けることは、ほとんど疑いを容れぬところだろう。子ども時代からゆっくりと徐々に理性と内省の階梯を昇る人間のような被造物が、まず最初に神の存在という主題についての思索、あるいはより洗練された内省に興味をもたないなどということは、予期されざることであり、なんとしても不可能だからである。

理性を欠き内省もできないが、それにもかかわらず、自分の種への愛や勇気や感謝あるいは慈悲など、多くの良い性質と情意を備える被造物を想像してみよう。この被造物に内省能力を与えれば、それと同時に、感謝や親切さや慈悲を肯定し、どのような友好的な熱情の様子や現れにも心引かれ、それをこれ以上に好ましいものはない、あるいは、それとは逆のもの以上におぞましいものはない、と考えるのは確かである。そしてこの被造物は、美徳をもちうるはずであり、善悪の感覚を持ちうるはずなのである。

したがって、神という主題について何らかの簡明かつ直裁な概念を抱きうる以前に、被造物は善悪についての理解あるいは感覚、また様々に異なる度合いの美徳と悪徳をもつのだと考えられよう。それはちょうど、宗教について一度も真剣に考えるような地位や生き方をしていなくとも、それにもかかわらず廉潔さや立派さでは、互いに大いに異なっている人たちがいることを、私たちが経験的に知っているようなものである。彼らのなかには、生来廉潔で親切で友好的で、それゆえ親切で友好的な行動を愛する者もいれば、傲慢で粗野で冷酷で、そのため、暴力と剥きだしの権力行使に傾きがちな者もいる。

さて、何故人は神を信じどのようにそれに影響されるかだが、まず第一に、私たちはどのような理由でそのような超越存在に対して人が服従と恭順を捧げるのかを、考えるべきだろう。それは、彼から何らかの不利益あるいは利益が生じると措提されるようなその力の在り方に対してか、あるいは模倣し似せようとすべき完成された自然だと考えるような、彼の優れた、立派な在り方に対してか、そのどちらかでなければならない。

もし第一の場合のように、自分の創造物に対してただ特別な報酬や罰によって自らの絶対的意思への服従を強いる神を信じたり、思い描いたりすることがあれば、そしてまたもし、こうした理由で単に報酬への期待や罰の恐れから、この被造物が、さもなければ絶対にやりたくない善を行ったり、さもなければ嫌いどころではない悪を差し控えたりしても、既に示したように、そこには何の美徳も善性もない。その被造物は、善き振る舞いにもかかわらず、本質的に、どんな類の恐れも畏怖もなく、生来のやりかたで活動したのと同様のささいな価値しかもっていない。こんなふうに矯正された被造物の実直さや敬虔さや高潔さは、強い鎖につながれた虎の温和さや穏やかさ、あるいは鞭のお仕置きを恐れる猿の猫かぶりや真面目さ以上のものではない。というのは、これらの動物あるいは同様の条件下の人間が、どれほど整然と良い振舞いをするように誘われても、意思が獲得されず、性向も矯正されず、畏怖だけが優越して服従を強いる限り、その服従は奴隷的であり、そうして為される全てはただ卑屈なものに過ぎない。目的が何であれ、そのような従順さあるいは服従の程度がはなはだしいほど、ただ奴隷根性がひどくなるだけである。そうした被造物にとって主人が善かろうが悪かろうが、彼自身の本性における奴隷根性の多寡に変わりはない。主人あるいは優越者が非常に完全で卓越していても、それを唯一の原理あるいは動機として、生み出されるより大いなる服従は、この場合はより低級下劣で奴隷的であり、この被造物、そういった自己愛の熱情が非常に優勢であり、すでに説明したように、気質においてはきわめて悪辣で欠陥が多い被造物においては、より大いなる悪辣さと卑しさを示唆するのみである。

第二の場合については、立派で善性を備え、尊敬され崇拝されていると思われ、単なる力と知識以外に、誰にとっても当然愛するに値すると思わせるような最高に優れた本性をもっていると判る神を信じたり思い描いたりしていれば、そしてまたもし、この尊厳にして力強い存在の表現のされ方において、あるいはそれが歴史上描出されているように、彼のうちに善なるまた優れたものへの気高く卓越した敬意があるように思われれば、つまり全てにとっての益への配慮と、全体への慈悲と愛という情意があるように思われれば、こうした手本は疑いもなく、上で説明したように、美徳へと向かう情意を生み出し増加させて、他のあらゆる情意がただそれのみに服し従うのを助けるのである。

この善きことも、手本のみによっては成就されない。というのも、有神論の信が完全で完璧であるには、至高存在の監督者性、つまり人間生活の証人であり観察者であり、そしてこの宇宙でなんであれ、感じられたり行われている全てのことを意識し、結果的に、もっとも完璧な退隠所あるいはこの上なく深い孤独の中あって、それでもなお常に私たちとともにあるとされる存在、その存在がそれだけで地上のいかなる威厳に満ちた集まりよりも重要性をもつはずの唯一者について、常に揺るぎない意見がなくてはならない。そのような存在の前では、たとえ世間の不当な非難に曝されようと、善行をおこなうことの名誉は、罪ある行動の恥同様に、なにより大きいに違いない。そしてこの場合には、完全な有神論がいかに美徳に貢献するに違いないか、また無神論にどれほど大きい欠陥があるかは、極めて明らかである。

未来における懲罰の恐れと報酬への期待が、この信に加われば、美徳にさらにどのように寄与するか、いまやさらに具体的に考えられる。上述したところから、さしあたり多くのことが推測できるので、この恐怖も期待も、真実に善い全ての行動の源泉であると認められるような、善き情意と呼ばれる類ではありえないだろう。またこの恐怖も期待も、上で明らかにしたように、実は美徳あるいは善とは一致しない。もしそれが何らかの道徳的行為にとって必要不可欠、あるいは、何にせよ行動の重要な動機と考えられるとしても、それについては、何らかのより良い情意のみで十分な原因であるに違いないからである。

そしてこういう類の宗教的規律においては、生来私たちの中でかくも優勢な自己愛は、和らげられたり、制限されたりするどころか、自己益をより拡大するという題目で、諸情意の日々の実践によっていっそう拡大強化されるので、生のあらゆる部分にこの種の気質が拡大しまいかと懸念する理由があると考えられよう。というのは、この慣習があらゆる個別例において、より厳密な注意を払って、自己益と私利を生じさせるようなものであれば、それは当然、気づかれぬまに公的な善あるいは社会の益へと向かう情意を減退させ、ある種の心の偏狭さを持ち込むことになる。そしてこの偏狭さは、一部の人が主張するように、ほとんどの宗教においても、敬虔な人々や熱狂者に特異的に見られるものである。

次のこともまた認められねばならない。すなわち、もし神のために神を愛することが真実の敬虔さであるなら、神から期待される私利についての行き過ぎた関心は、必然的に敬虔さの減退ということになるのである。というのは、もし神がただ私利の原因として愛されるなら、いかなる悪辣な被造物も、他の快楽の手段と選ぶところなく、神を愛せるからである。そこで、私利に向かうこの激しい情意が多くあればあるほど、善それ自体あるいは何らかの善きまた立派な対象、それ自体が愛に値するたとえば神のような対象へと向かう他の類の情意の余地が小さくなることは、一般的に、あるいは少なくとも、品位があり洗練された礼拝者一般によって認められている。

この点においては、生への愛と強い欲望は美徳と公的な愛にとってと同様に、敬虔さにとっても障害となりかねない。というのは、誰にとっても、この情意が強ければ強いほど、神の支配と秩序への自己放棄と服従を保つ力は、弱くなるだろうからである。そしてもし彼が自己放棄と呼ぶものがただ限りない報酬と見返りにのみ依拠するのであれば、彼はそこに他のなんらかの利益の取引以上の立派さも価値も見いだしていない。彼の自己放棄の意味はただ次のことに過ぎない。すなわち、「彼が現下の生と喜びを放棄するのは、彼自身が認めるように、それと対等以上のもの、すなわち最高の喜悦と享楽のうちに生きる生を得るという条件つきでのことである」。

しかし、既に述べたようなかたちで、美徳の原理が利己的熱情の増加のために蒙りかねないこの害にもかかわらず、他方で確かなのは、将来の罰と報酬の期待という原理は、どれほどご利益目当てあるいは卑屈と見なされようとも、それでも多くの場合において、美徳にとって好都合であり、担保となり、支えにもなるのだ。

すでに考えたことだが、心に本当の善悪の感覚、すなわち種あるいは社会に向かう善き情意が植え込まれてあるとしても、それでも、激怒や欲情やその他の逆に働きかける情意の暴虐によって、この善き情意はしばしば支配され圧伏されかねない。したがって、そうした諸々の悪しき熱情を嫌悪の対象とし、また熱心にそれに対抗するようにできるものが心の中になければ、どれほど善い気質でも時がたつうちには害を受け、性格は徐々に悪いほうへと変わるのは明らかだ。しかしもし宗教が介入して、この種の悪しき情熱はその結果たる行動と同様に、神の忌み嫌うところであるという信を創りだすなら、そうした信は確かに、悪に対する時宜を得た治療であり、特有の仕方で、美徳を勧めることになるに違いない。というのも、この種の信は、とりわけ心を平静さに、そして人をより善き自省へ、つまり善と美徳の原理のより厳格な遵守へと相応しく変えて向かわしめるものとされているからである。そしてこの原理を遵守する為に必要なのは、その人がこの陣営と利益に自分が全面的に与するよう気を配ることだけだ。

そしてこの未来の報酬と罰への信が、悪習によって美徳を裏切りそうな者たちを支援しうるのと同様に、悪い意見と誤った考えによって、心それ自身が廉潔の道筋から背き、それどころか悪徳の道筋を評価し意図して選好するような時は、言及したような類の信が、この場合唯一の安全・安心ということになるのかもしれない。

たとえばある人が、気質はおおいに善良で生来の廉直さも持ち合わせているが、貧窮や逆境に耐えるにはあまりに脆弱で女々しいとすると、もし運悪くこの類の試練に多く出くわせば彼の気質にはどうしても辛辣さと嫌味が生じざるを得ず、その結果、彼はそうした災厄や悪の誘因だと誤解するものを、大いに憎むに違いない。さてもし、彼自身の思いや他の人々の邪な勘ぐりのせいで、彼の心に頻繁に「廉潔さがこの災厄の因なのだ」とか、さらにまた「このような美徳の制約から開放されれば、より幸せだろうに」といった思いが浮かぶようなら、きわめて明らかなことだが、これらの善き性質に対する彼の評価は、気質が不安を深め自らと争うようになるのに比例して、日々減少するだろう。しかしもし彼がこのような思考に、「廉潔さには、現在ではなくとも少なくとも将来には、自分が残念に思うような現世私益の喪失を補償するような利点が伴うものだ」という考えを対抗せしめるならば、それが彼の善き気質と廉潔原理に加える害が妨げられ、廉潔さと美徳に向かう彼の情意は、以前と変わらぬままであるだろう。

同様に、敬意と愛の代わりに、むしろ善良で美徳に適うものへの嫌悪が存在する（たとえば、慈悲深さと寛容さが軽蔑され、復讐が高く評価され好まれる）場合、もしこのような考えに「慈悲深さはその報酬によって、復讐のうちに見いだされるものよりも、はるかに自分にとって益と歓びの因になるのだ」という考えが付け加えられれば、まさに慈悲深さと温和さという情意がせっせと醸成されるようになり、それに対抗する熱意は抑圧されることになろう。そしてこのように、自重と穏健さと正直さ、そして仁慈などの諸々の善き情意は、たとえ最初はどれほど蔑まれようとも、最後にはそれ自身が理由で評価されるようになり、逆の類の諸情意は拒まれるようになるだろうから、たとえ報酬や罰が思ったほどでない場合でも、善きまた適切な対象が愛され実践されるようになるのである。

このようにして、市民あるいは一般公衆においては、私たちは、徳のある統治と衡平で正当な報酬と懲罰の分配が、邪悪な人々を掣肘し、彼らに社会に有用な行動をさせるだけでなく、美徳を誰にとっても明らかな関心事にすることで、美徳に対するあらゆる偏見を取り除き、正当に受け入れさせて、人々をして後になって簡単に断念することができないような途へと導いていくことによって、最も役に立つことがわかる。というのも、このようにして人々は野蛮さと専制支配から身を起こし、法律によって文明化され、長期にわたる合法的で正義に適う行政によって美徳を備えるようになるのであって、もし偶然に突然何らかの不正義かつ暴虐な恣意的権力の下に置かれても、この理由によって、彼らはむしろより強い美徳を行使する活力を得て、そうした暴力と腐敗に対抗するのである。そしてたとえ、暴政の諸々の手練手管が持続的に長く優勢を占めても、そうした人々は少なくとも完全には圧伏されることない。散り蒔かれた諸々の美徳の種子は、悪用された報酬や罰が力を振り絞ってそれらを長い隷属状態に慣らし意気阻喪した従順な状態にするのに先んじて、次の世代にまでも長く命を保つだろう。

しかし、統治における正当な正義の分配は美徳のきわめて必須の条件ではあるが、この場合私たちは、範例こそが主として人間に影響し、人々の人格や気風を形成するものであると言わねばならない。というのは、有徳の行政では、ある意味で、行政官に美徳が伴う必要がある。そうでなければ、たいした効果もないし長続きもしない。しかし行政が真摯でよく確立されている場合は、美徳と法律とは必然的に尊敬され愛されるのである。だから罰と報酬については、その効果はそれらが醸成する恐怖と期待よりは、むしろ、美徳への自然な尊敬と悪徳への嫌悪によるのだ。そしてそれが目覚めるのは、それぞれの場合の好悪の念が公けに表明されることよってである。というのは、極めつけの大悪人どもが公開処刑されるとき、私たちは、他の全てにもまして彼らの悲惨さの原因となっているのが、人々の眼前に示されるこれら犯罪の不名誉とおぞましさとその恥辱であること、また処刑される者たちとそれを見る者たちにあれほどの恐怖を覚えさせるのは、直近に迫った苦痛や死そのものではなく、むしろ公的な罪と正義および人間性の破壊ゆえに彼らに課せられる、屈辱的で不名誉な死であることを、あまねく理解するからである。

そして、報酬と懲罰の事例が公的な場でこのように有効であれば、私的な家族についても同様であるだろう。というのは、主人が下す罰と過酷さによって掣肘され秩序を保っている奴隷や金銭づくの召使たちたちは、それによって善良で廉潔にはならないが、同じ一家の主人が子どもたちに対して適切な報酬と温和な懲罰を用いて、彼らに善良さを教えれば、この助けによって彼らを、後に彼らが異なる理由でしかも罰や賄賂を考えずに実践する美徳へと向かわせられるからである。これが私たちが自由な教育・自由な奉仕と呼ぶものであって、これに逆行する神や人に対する教育や奉仕は、自由でも立派でもなく、いかなる名誉にも推薦にも値しないのである。

しかしながら宗教の場合は、次のことを考えなければならない。すなわち、もし別の世における高潔な歓びや美徳の実践・実行そのものへの愛と欲求が、報酬への期待によって理解されるとしても、この種の予期と期待は美徳を毀損するどころか、私たちがそれをより真摯にかつそれ自身のために愛していることの、証左なのである。またこの原理が利己的と呼ばれることは当然ありえない。なぜならば、美徳への愛がたんなる私利ではないのなら、美徳を理由とする生への愛と欲求もまた、そのようには解されえないからである。しかしもし生への愛が、ただ死への生来の忌避感情の横暴によるなら、またもし、美徳的情意以外の何ものかへの愛によるなら、さらにまたもし、純粋にこの種のもの以外との別離への忌避感情によるなら、もはやそれは真実の美徳のいかなる徴候でも表徴でもない。

だから、生をそれ自体のゆえに愛するが美徳は全く愛していない人も、生への希望と約束や死やその他の悪への恐怖によって、美徳の実践に誘われたり、それどころか実践していることを愛することによって、真実に有徳の人たろうと努めさえするのである。しかしこの勉励は、どちらも美徳とは見なされ得ない。というのは、彼自身は有徳の人たらんとするかもしれないが、報酬への愛からそれを意図し狙っているようでは、まだそこに至りえていないからである。しかし彼が、道徳的な善に向かう情意をもつようになり、そうした善良さをそれ自身のために、それ自体を善き愛すべきものとして好み、愛着するようになるや、ある程度、彼は善良で有徳になるのだが、それまではそうではない。

私的な善行あるいは私益について省察することで、美徳に生じるのは、このような利点と不都合である。というのは、利己的慣習と多様な利害観は、真の長所や美徳はほとんど向上させないが、それでも美徳の維持保存には必要なので、真実の益および自己享楽とは相容れないと考えるべきではないからだ。

したがって、何であれ強い信念と確立した判断によって、概して「美徳は幸福を、悪徳は悲惨をもたらす」と考える人は誰でも、それに必要とされる美徳への保証と助力を身につけているのである。あるいは、彼自身はそうした考えをもたず、自分の性格・気質や人間の生をとりまく環境に関して、美徳が真の益だと信じていない人でも、もし彼が、人類の現在の事柄に関心を抱き、廉潔で有徳な人のために、ただちに不信心で不正義な者たちに対抗して介入を行うような何らかの超自然的な力を信じていれば、そのことは、さもなければ減退するかもしれない美徳の正当な評価を彼が維持することに役立つだろう。あるいは万一、神意がこの現世の事柄へすぐさま介入することはほとんど信じていなくても、もし彼が、神は未来において美徳へは報酬を、悪徳へは罰を分配すると信じていれば、彼はそれでも同様に美徳の利点を確信し、他方、その信仰は堅固で、まったく揺ぎ無いだろう。

というのは、これほどまでに奇跡的で大きな期待と依存は、当然、それ以下の他の依存や督励とは袂を分かたねばならないと述べざるを得ないからである。このように無限大の報酬が突きつけられ、想像力が強くそれらに向けられているときには、善へと向かう他の一般的で自然な動機は無視されがちとなり、使われないのでひどく衰えてしまう。心がこのように自らの内にひどく狭く限定された気高い利点と私益に夢中になっているときには、他の諸々の益はほとんど勘定に入ってくることすらない。こういった理由で、友人あるいは係累や人類に向かう他の情意はすべて、しばしば、魂の益という観点からは世俗的でほとんど重要性がないものとして軽んぜられてしまう。生のそのような良き務めから生じる直接的な満足についてもほとんど考えるところがないので、多くの敬虔な人は、現世での善行のあらゆる利点や、美徳から生じる自然な益のすべてを熱心にこきおろし、また、その逆の悪徳の状態の幸福を誇張しつつ、熱意をこめて「ただ未来の報酬そして未来の罰への恐怖のためでなければ、自分たちは全ての善良さをたちまひ振り捨て、何の制約もなく、この上もなく不道徳で浮薄になってしまうだろう」と断言するのが常である。ここからして、ある面では、未来の報酬と罰についての弱くて不確かな信ほどに、美徳に致命的なものはないと思われる。というのは重圧が丸々ここにかかってくる以上、もしこの基盤が潰えたら、人々の道徳をこれ以上支え、保障するものはないからである。かくして、美徳は押しのけられ、売り渡される。

さて無神論についてだが、これは明らかに不完全であり、美徳の幸福について誤った判断をする場合、矯正するすべはないが、実際のところ、かならずしも、そうした誤った判断の原因というわけではない。というのは、有神論の諸々の仮説のどれかに完全に同意していなくても、美徳の諸々の利点は理解され認められうるし、それについての高い評価も心に確立されうるだろうから。とはいえ、本性的な無神論の傾向が美徳と非常に異なったものであることは、はっきりさせておかねばならない。

美徳に対する大きな尊重と愛が生みだす満足について高く評価していなければ、美徳の幸せになんらかの高い評価を与えることは、ある意味では不可能である。そして、そのような愛の経験以外に、この満足を信じさせるものは何もなさそうだ。したがって、この「美徳のなかでの幸福」という意見を支える主たる根拠は、この寛大で道徳的な情意の強力な感情とその威と力についての知識から生じるのでなければならない。しかし、全体そのものの中にも、至高存在における良い情意の範例あるいは先例の中にも、善性や美は存在しないと想定することは、この道徳的情意を大いに強化することにも、善性と美徳への純粋な愛にとっての強力な支援にもなりえないということは、確かである。そのように信じると、むしろ、当然ながら、何であれ愛おしいそれだけで価値があるものからこうした諸情意を引き剥がし、自然な美や何であれ物事の秩序のなかで、正しい企図や調和や釣り合いに則ったものを称賛するというまさにその習慣、おなじみの慣習を抑圧しがちである。というのも、宇宙自体を無秩序の範形と考えている人は、宇宙の物事でなんらかの秩序あるものを愛し、称賛することについて、いかに僅かしか敬意や愛を向けないようにできていることだろうか？　全体そのものさえ、完全さを欠いていて、ただ広大無限な醜悪さだと思われているなら、部分の特定的で従属的な美を重んじ敬うのは、いかに不適切なことだろうか？

混乱した宇宙に生きるという思いほど、実際、憂鬱なことはありえない。そういう宇宙には多くの悪があると思われるし、善良で快い何ものも現れず、思いを満たしたり熱情をかきたてうるものは軽蔑や憎悪や嫌悪以外にはないだろう。このような意見を抱くことは、徐々に気質を害し、美徳への愛を感じにくくするだけでなく、美徳原理そのもの、つまり自然で親切な情意の毀損を助けるだろう。

全体としてみれば、神を固く信じ、ただ善なるものと呼ぶだけでなく、神のなかの真実に善なるもの以外、つまり穏和さと良さを備えたこの上なく厳格なその性格以外は何ものも信じない人なら誰でも、こういう人は、来世における諸々の報酬や懲罰を信じているから、それらが、なんらかの偶然の（その点では、適切には報酬や罰ではなく、被造物に対する幸不幸の気まぐれな配分と呼ぶべき）性質や事情ではなく、真実の善良さや美点および真実の悪辣さや卑劣さに付帯すると信じているに違いないのである。これらの協約によってのみ、来るべき世界への信が、信じる人々に首尾良く影響を与えうるのだ。そしてこれらの協約に拠り立って、そしてこの信のおかげで、なんらかの悪しき状況あるいは不都合な教説によって、「美徳は本性的に生の幸福にとっての敵である」というあの不幸な意見を抱いてしまう時、おそらく人は、人間本性についての最も厳しい思いのもとでさえ、自らの美徳と廉潔さを保持しうるだろう。

とはいえ、この意見は、健全な有神論と整合するとは思われない。というのは、未来の生について、あるいは来世における報酬と罰について何がどう決定されようと、健全な有神論者なら、支配する心、つまり自然において至高であり全ての事物を最高に完全な叡智と力だけでなく善良さでも支配する心を信じているから、必然的に美徳は当然、善であり益であると信じているに違いないからだ。というのは、いかなる被造物にとっても生来善である美徳を生来邪悪で悪しきものと想定するほど、物事の一般的在りように不当な定めや汚点・欠点があることを、強く示唆するものがありうるだろうか？

そして最後に私たちに残ったのは、無神論よりは有神論的信において、美徳に伴うさらなる利点を考えることだけだ。一見したところでは、この立場はあまりに巧緻で、気難しく哲学的に過ぎる類のものに見えるかもしれない。しかし既に検討したところを踏まえてみれば、おそらくこの主題は、より容易に解説出来るだろう。

既に証明したところによれば、あらゆる被造物は、個としての自ら自身あるいは自らが加わる体系にとっての益に整合する以上に、強い程度の情愛や嫌悪の情をもつことによって、必然的に、何らかの程度は悪にならざるを得ない。個でも体系でもどちらの場合にせよ、この情意そのものが誤りであり悪でありなのだ。さてもしある理性を有する被造物が、何らか特定の不運に対して身構えさせ、災厄の接近に対して警告を発するために必須な程度の嫌悪感をもっているのであれば、これは通常良いことである。しかしもしこの不運が生起した後、嫌悪感がなおも持続して、その出来事に怒り狂い、自分個人の運命あるいはいわば引き当てた籤に声高な不満を申し立てるならば、これは彼のためには現在も将来も悪影響があると認められるだろう。というのは、それは彼の機嫌に影響し情意の安らかな道筋を乱してしまうが、まさにそこに、美徳と善良さの相当部分がかかっているからである。他方、災厄を辛抱強く耐え、心がそれを担いきることとは、ただちに有徳の行為であり美徳の涵養に資するものと認められるに違いない。さて、普遍的な心を排除する者たちの仮説によれば、事物の辿る筋道には私たちの敬意や愛や怒りや嫌悪に値する何事も生起しえないということが認められねばならない。しかしながら、原子と偶然が生み出すものについて考えることは、いくらよくても何の満足もありえないし、災厄に満ちた苦難の環境下で破滅的な機会について考えることも同様であるから、この仮説では、物事の邪な秩序を想像することで当然生まれ生き続ける憎悪と不機嫌を、防ぐことはほとんど不可能である。しかしいまひとつ別の仮説、つまり完全な有神論のそれにおいては、「この世界の秩序が造りだすものは何であれ、大略、正義に適いかつ善である」と理解されねばならない。したがって、この世界における事物の道筋で、その私的な状況や配剤について厳しい苦情がでざるを得ないようないかなる苦難があろうと、理性を有する被造物ならば、それでも深く考えて忍耐と忍従にいたりうるのである。しかもこれにとどまらず、このように折り合いをつけることで彼はさらに先に進み、同じ原理によって、自らの配剤そのものを良き情意の対象となしえるし、他方、彼のより高き国の法律と統治に対してこの心広い忠誠を維持しようと努め、またそれにきわめて好意的であり続ける。

このような情意は、いかなる苦難の状態においても最高度の節操を生みださずにはおかないし、また美徳のためならばいかなる苦難にも耐えられるよう、私たちに最善の支援をさせる。そしてこの情意は必然的に、悪しき偶発事や邪悪な人々や傷害に対して、より大いなる忍従と自足をもたらすと同様、さらにもちろん彼の気質には、より良き平等さと優しさと温和さを生み出さずにはおかない。したがって、この情意は真に善きものであるに違いないから、被造物はこれを持てば持つほど、より真実に善良にまた徳高くなるのだ。というのは、理性的な被造物に社会における役割により情意のこもった結びつきを持たせ、公共善あるいは彼の種にとっての益であるところを、通常よりも大いなる熱意と情意をもって遂行せしめるようなどんな契機や手段であれ、それは疑いもなくその人にとっては、通常以上の美徳を生み出す因だからである。

これもまた確かなことだが、いかなる種類のものであれ、秩序と調和と釣り合いを敬い愛することは、本性的に気質を改善し社会への情意を促進し、それ自体が社会における秩序と美への愛に他ならない美徳を大いに助けるものである。世界の最も瑣末な主題においても、秩序の外貌は心に訴え、情意を惹きつけるのである。しかしもし世界の秩序自体が正義に適い美しいと思われれば、秩序への敬意と評価はより高いものとなり、美への愛という優雅な情熱は、美徳にとってとても益のあるものだから、これほど豊かで偉大な主題においては、その実践によってさらに改善されないはずがない。そのような神聖な秩序を瞑想すれば恍惚と歓喜が伴わないはずがないからだ。というのも、科学と諸人文学に共通の諸主題においては、正しい調和と釣り合いに従うものは全て、その種の事柄にいささかでも知識と実践がある誰をも、有頂天にさせるからである。

さてもし、この神聖な情熱の主題と根拠が真に適切あるいは妥当なものでないとしても（つまり有神論の諸仮定が誤りだと仮定しても）、この情熱自体はそれでもなお、上に具体的に示してきたところから、それが美徳と善良さに益をもたらすことが証明されるのであるから、ここまでのところ、それは自然で善きものである。もし他方、この神聖な情熱という主題が本当に妥当で適切であれば（つまり有神論の諸仮説が真実であって空想のものでないなら）、その場合にはこの情熱も妥当であり、すべての理性ある被造物にとって無条件で与えられる必須のものということになる。

ゆえに、私たちは美徳が敬神との間にもつ関係を、ただしく決定することが出来よう。前者は後者のうちにあるものでない限り完全ではないのである。というのは敬神が欠けていれば、同様の温和さも堅固さあるいは誠意も、同様の諸情意の良き落ち着きや心の統一性も、ありえないからだ。

そしてこういう次第で、美徳の完成と高みはなんらかの神への信に負う他はないのである。

＊底本としては、Lawrence E. Klein 編の *Shaftesbury: Characteristics of Men, Manners, Opinions, Times* (Cambridge, Cambridge University Press, 1999) を使用した。

あとがきに代えて

夫が亡くなって、早一年が経とうとしています。

一年近くに及んだ闘病生活は、一昨年（二〇一三年）六月二五日の深夜、背中の激しい痛みと吐き気を訴える夫を救急外来に連れて行ったのが始まりでした。

三月末に鳥取大学を定年退職したばかりの夫は、空き家になっている神戸の実家を自分でリフォームし、これからはセカンドハウスとして使おうと、新しい生活の夢を膨らませておりました。倒れる前週にもバイクに乗り、神戸へ一週間ほど出かけておりましたが、今思えばその頃にはもう病気が進行し、体の不調も感じていたことと思われます。

救急外来で診てくださった主治医の先生が「とても痛かったはずなのに、そんな素振りも見せないのですからね」と、信じられない様子でおっしゃっておいででしたが、実際、心や体の苦しみを表に出さない自律心の強い人でした。入院後はすぐ「ステージⅣ」を告げられました。強いショックを受けて目元を拭っている私を夫は気遣い「この人のほうが心配です」と苦笑いしてみせ、内面の乱れを見せませんでした。

続く入退院の合間、夫は趣味の絵を描き続けておりました。その頃描いた絵を見ますと、暗く閉ざされ、出口のない世界を表したかのような作品があり、夫の秘めた意識に触れたようで胸を突かれる思いがしました。

病室での夫は「ここで終わるわけにはいかない」と、常に前向きに治療に向き合い、「自分が自分であるために」と言いながら、分厚い本や辞書を病室に持ち込んで、研究や翻訳を続けておりました。おかげで私は入退院のたびに大きな荷物を抱え、周りの方から見ましたらずいぶんと変わった病人だったことでしょう。

最後は会いたい人に挨拶を終え、治療を打ち切って自宅で静かな一週間を過ごすことができました。二人穏やかに、お互いに気遣いのある貴重な日々となりました。訪問診療に来てくださった主治医の先生が「自分の最後をちゃんとわかっておいででしたね」と、感心されていたように、夫は自分の残された時間をはっきりと悟っており、人生の最後を駆け抜けてゆきました。

「人生は長さでなく、深さではないか」という言葉を耳にいたしました。まさに、夫は最後まで自分を失うことなく、思い描いていたとおりに若い世代にも種を残し、最後まで現役を貫くことができたと思っております。

行く春や鳥啼き魚の目は泪

松尾芭蕉が「奥の細道」に出立した時の別れの句だそうです。二〇一四年五月の新聞に掲載されておりましたが、別れの悲しさが満ちているように感じ、大切に切り抜いて取っておいてあります。夫が愛した漢詩にも、杜甫が「春望ノ詩」に春の別れをうたっているとかいいます。病院のそばの桜並木を病室の夫は見ることができませんでしたが、この年の桜はことに長く美しかった気がします。

最後に夫は「良い人生であった。こんな人生ってありえない。託す人があり、いい娘がいて」と、残しております。病院での毎日を支えてくださった志賀先生やスタッフの皆さま、お世話になりました学会他の先生方、また、真心をこめて言葉をかけてくださいました皆さま方、本当に有難うございました。

夫の遺志を継ぎ、この「遺稿集」を出版するにあたり、お骨折りくださった佐々木和貴先生、小蒲哲夫様、出版をご快諾いただいた金星堂代表取締役福岡正人様、編集担当の倉林勇雄様ほかの皆さま、有難うございました。なお、佐々木先生には夫が残しました翻訳を引き継いでくださることを快諾していただきました。みなさまのご尽力によりここに合わせて出版させていただくことができましたことを、望外の喜びと深く感謝いたしております。

二〇一五年二月

吉村　泰子

『一手品師が来たよ. (a)』
Nobuo Yoshimura 15 May 1988

初出一覧

第一部

一 『ルネサンスと十七世紀英文学』（金星堂、一九九二年）所収

二 『十七世紀のイギリスの生活と文化』（金星堂、一九九六年）所収

三 『十七世紀英文学と戦争』（金星堂、二〇〇六年）所収

四 『十七世紀英文学における終わりと始まり』（金星堂、二〇一三年）所収

五 「十七世紀英文学会関西支部例会（二〇一〇年）」にて口頭発表

六 「日本政治学会（二〇一〇年）」にて口頭発表

七 「鳥取大学における最終講義（二〇一三年二月）」にて口頭発表

第二部

未発表（佐々木和貴との共訳による）

文化現象としての近代
——吉村伸夫遺稿集——

2015年5月15日　初版発行

編著者　佐々木和貴

発行者　福岡　正人

発行所　株式会社 金星堂
（〒101-0051）東京都千代田区神田神保町 3-21
Tel. (03)3263-3828（営業部）
(03)3263-3997（編集部）
Fax (03)3263-0716
http://www.kinsei-do.co.jp

編集協力／ほんのしろ
印刷所／興亜産業　製本所／井上製本
Printed in Japan

ISBN978-4-7647-1151-8 C3098